郑韩故城
兴弘花园与热电厂墓地

河南省文物考古研究所

文物出版社

封面设计：周小玮

责任编辑：王　铮

责任印制：陈　杰

图书在版编目（CIP）数据

郑韩故城兴弘花园与热电厂墓地/河南省文物考古研究所编. —北京：文物出版社，2007.11
ISBN 978－7－5010－2038－6

Ⅰ.郑… Ⅱ.河… Ⅲ.周墓－考古发掘－新郑市－周代 Ⅳ.K878.85

中国版本图书馆 CIP 数据核字（2006）第 127939 号

郑韩故城兴弘花园与热电厂墓地

河南省文物考古研究所　编

*

文 物 出 版 社 出 版 发 行

（北京市东直门内北小街 2 号楼）

http://www.wenwu.com

E-mail:web@wenwu.com

北京文博利奥印刷有限公司制版

北京美通印刷有限公司印刷

新 华 书 店 经 销

787×1092　1/16　印张：16　插页：3

2007 年 11 月第 1 版　2007 年 11 月第 1 次印刷

ISBN 978－7－5010－2038－6　定价：176.00 元

The Cemeteries at
the Xinghong Garden and the Thermal Power Plant
in the Ancient Capital City of Zheng and Han

Henan Provincial Institute of Cultural Relics and Archaeology

Cultural relics Press

Beijing · 2007

目　　录

插 表 目 录

插 图 目 录

彩 版 目 录

7. A 型玉圭（热电厂 M1∶4）

8. A 型玉片（热电厂 M3∶7）

9. Ba 型玉片（兴弘 M100∶7）

10. Ba 型玉片（兴弘 M17∶8）

彩版一四

1. Aa 型玉玦（兴弘 M1∶5）

2. Aa 型玉玦（热电厂 M6∶3）

3. Aa 型玉玦（兴弘 M100∶4）

4. Ab 型玉玦（兴弘 M134∶1）

5. Ab 型玉玦（兴弘 M34∶7）

6. Ab 型玉玦（兴弘 M153∶1）

彩版一五

1. Ba 型玉玦（兴弘 M42∶7）

2. Ba 型玉玦（兴弘 M138∶3）

3. Bb 型玉玦（兴弘 M5∶1 正、反面）

4. Bb 型玉玦（兴弘 M7∶2）

5. Bb 型玉玦（兴弘 M122∶2）

彩版一六

1. A 型骨簪（兴弘 M138∶2）

2. 骨觿（兴弘 M55∶2）

3. 加工骨（兴弘 M111∶1）

4. 骨锥及局部（兴弘 M90∶2）

5. B 型骨簪（兴弘 M90∶1）

图 版 目 录

第一章　前　言

一　自然地理概况与历史沿革

新郑市地处中原腹地，隶属河南省省会郑州，是该市下辖县级市。北与郑州市区接壤，东临中牟、尉氏二县，南依长葛、禹州二县，西邻新密县，这里自古就是南来北往的交通要道，素有"九州通衢"之称。

新郑处于豫西山区向豫东平原的过渡地带，介于东经113°30′至113°54′、北纬34°16′至34°39′之间，南北长42公里，东西宽36公里，总面积873平方公里。境内地势整体而言西部高、东部低，中部高、南北低。由于这种过渡地带的地理特点，山、丘、岗和平原等地貌都兼而有之。地面坡降1/1600至1/200，相对高差705.5米。它的西部和西南部，由于受外应力作用和流水侵袭，形成了谷峰相间的侵蚀低山区，相对高差300米至500米。这里有属于伏牛山系嵩山余脉的具茨山和陉山。具茨山的主峰为海拔793米的风后岭，为新郑境内最高峰。据传此峰因曾作黄帝臣风后封地而得名，山顶有轩辕庙和螺祖洞等和黄帝文化有着密切关系的古迹。沿低山外围和西北部的泰山、梅山等一线，为新生代第四纪黄土覆盖的山前坡洪积岗地。这里的海拔在180至250米之间，相对高差数十米，较大的岗地有黄岗、裴李岗和武岗等。京广铁路以东多沙丘岗地，这是由于千百年来黄河改道时沉积沙砾被风吹运而成，相对高差在1.5至5米之间，少数高达10米。黄河古阶地和双泊河、黄水河、溱水河两岸的带状冲积扇，属于地势平缓的平原地带，这里虽面积较小，但土地肥沃，是主要的农业区。

新郑境内河流众多，较大的河流有双泊河、黄水河、溱水河、梅河、十七里河、十八里河、暖泉河、潮河等。这些河流多发源于北部和西部山区，几条大河都是常年河，属于颍河水系；较小的河流均为季节河，属于贾鲁河水系。其中黄水河和双泊河呈东西环绕之势从郑韩故城两侧缓缓流过。

新郑属淮河流域的半湿润地区，为温带大陆性季风气候，气温适中，四季分明。年平均气温 14.2℃，年均日照时数 2368.4 小时，光照充足，平均年降水量接近 700 毫米。降水的季节分布很不平衡，夏秋季降雨量大，春冬季降雨量小；降水地区分布也不平衡，一般来说，西南山区降水最多，东部和北部山冈平原降水最少。由于属季风气候，所以风向和风力随季节的交替而有变化，春冬季风多且多为东北和西北风，夏季风少且为南风。年均无霜期 206 天。

新郑历史悠久，文化丰厚。早在 8000 年前，在新村镇的裴李岗遗址就有原始人类的居住，他们从事着农业、家畜饲养业和简单的手工业等在内的经济生产，过着稳定的定居生活，创造了举世闻名的裴李岗文化。这种文化中出现的古朴庄重的石磨盘，制作精美的锯齿镰，沉稳粗放的三足器，栩栩如生的陶塑品，向世人展示了一个古老部族的勤劳和智慧。此外，新郑境内同时期的裴李岗文化遗址主要还有沙窝李遗址、西土桥遗址、岭西遗址、唐户遗址等。大约 5000 年前的仰韶文化时期，中华民族的祖先黄帝生于轩辕丘（今新郑市北关外），定都有熊（今新郑市），完成了统一中原的大业。因此，新郑被誉为中华第一古都。相当于此时期的仰韶文化遗址目前在新郑发现的有唐户遗址、洪府遗址、高坡岩遗址、古城遗址、王垌遗址、大朱庄遗址、官庄遗址等。仰韶文化之后的龙山文化时期，新郑一带更是古人类的主要活动区域。这一时期的遗址除上述的唐户遗址、古城遗址、王垌遗址等包含仰韶文化遗存的遗址外，主要还有大司遗址、于寨遗址、人和寨遗址、金钟寨遗址、水泉遗址等。在史书记载中，相当于龙山文化时期的帝喾高辛氏封祝融氏黎在有熊为火正，所以新郑在后来的史书中又被称为"祝融氏之墟"。

到了夏商时期，新郑分别为夏、商王朝的畿内之地。此时期的遗址在新郑分布也是比较丰富。新村镇的望京楼遗址就是商代早期的一处典型文化遗址，另外还有小王庄遗址、下申河遗址、马垌遗址、郭寨沟遗址、街东曹遗址等。周初封郐国（今新密市东南），新郑属郐。周宣王二十二年（公元前 806 年），宣王静封其庶弟友于京畿内的棫林（今陕西省华县东北，也有学者认为在今陕西凤翔县南）建立郑国，史称郑桓公，是为郑国始封伯爵国君。公元前 781 年，周宣王死，其子宫涅继位，是为幽王。郑桓公被周幽王任命为司徒，掌握全国的土地和户口。周幽王九年（公元前 773 年），诸侯叛周，郑桓公友听从太史伯的建议，将其部族、家属、财产等由棫林陆续迁于郐与东虢（今荥阳东北）之间，作为郑在东方建国的基础。周平王元年（公元前 770 年），郑武公掘突随平王东迁。周平王二年（公元前 769 年）、四年（公元前 767 年），郑武公施离间计先后灭掉郐、虢二国，在古溱水（黄水河）、洧水（双洎河）交汇处的西北建立了郑国新都城，为区别陕西的旧郑，后称新郑。郑国在新郑先后传十四世二十二君，历时 394 年。春秋时期，郑国为强国，且地处交通要道，因而长期战争不断。周烈王元年（公元前 375 年），韩国灭郑，韩哀侯把韩都也由阳翟（今禹州市）迁至新郑，后传九世，历时 145 年。战国时期，韩国是各国贸易往来的必经之地，俨然是中原地区的政治、经济、军事和文化中心。秦王政十七年（公元前 230 年），秦灭韩，从此新郑失去国都地位。公元前 221 年，秦统一六国，置新郑县、苑陵县，属颍川郡。西汉承秦制，新莽时改苑陵县为左亭县，东汉又改左亭县为苑陵县。三国时河南属魏，新郑县、苑陵县属司州河南尹。晋废新郑县，将其并入苑陵县。隋恢复新郑县，之后又废苑陵县入新郑县。唐初分新郑为新郑县和清池县，不久又将清池县并入新郑县。唐以后，新郑的行政建制一直延续至上世纪 90 年代。

1994 年 5 月，经国务院批准，新郑撤县设市。

二 郑韩故城的发掘概况

春秋战国时期郑韩两国的都城旧址，今称"郑韩故城"，新郑市就坐落其上。郑韩五百余年的建都历史，使得这片古老的土地上保留有大量春秋战国时期的遗迹和遗物。早在 1961 年，郑韩故城就被国务院公布为第一批全国重点文物保护单位。也正因为如此，河南省文化局文物工作队（河南省文物考古研究所的前身）1964 年就在新郑设立了工作站，开始了长期不懈的考古勘探和发掘研究工作。40 多年来，在上级文物主管部门和地方政府的关心扶持下，在当地文化、文物部门的大力配合和协助下，在相关部门和基层群众的积极参与和支持下，经过全体工作人员的辛勤劳动和艰苦努力，考古工作取得了许多重要的发现和收获，使得对郑韩故城进行全面和科学的研究成为现实。

上世纪 60 年代，通过对郑韩故城内外的普探和全面调查，初步了解到城址内文化遗迹的大致分布情况，发现了郑韩两国的宫殿和宗庙基址、铸铁遗址、制骨遗址、战国冷藏室遗址及夯土台基等，为郑韩故城的文物保护与科学发掘奠定了坚实的基础。

上世纪 70 年代，主要是对城内及周边地区的一些墓地和遗址做了小规模的发掘，如白庙范铜兵器坑、大吴楼春秋贵族墓地、后端湾春秋高级贵族墓地、烈江坡东周墓地、梳妆台遗址、花园村宫城遗址等。其中白庙范铜兵器坑出土战国时期有铭文的戈、矛等兵器 180 余件，这批兵器发现的意义十分重大。

从上世纪 80 年代开始，大规模的配合城市基本建设的考古发掘工作拉开了序幕。这一阶段先后发掘了蔡庄东周墓地、河李墓地、李马墓地、税务局家属院战国大型宫殿建筑遗址、新郑药厂钱范遗址、玻璃厂春秋冷藏窖、阁老坟宫殿遗址等，特别是韩王陵的发现，填补了长期以来郑韩故城没有韩国大型陵墓的空白。

到了上世纪 90 年代，配合基建的考古发掘工作进入了高峰时期。这一时期发掘的工地主要有郑韩故城东、北城墙及金城路、郑韩路、大吴楼铸铜遗址、苑陵中学家属院、煤炭储运公司、城市信用社、中国银行新郑支行（以下简称中行）等。通过对东、北城墙的解剖，我们了解到故城的内、外城都始建于春秋时期，战国时期开始在原来墙体的基础之上加高加宽。金城路、城市信用社和中行遗址是三处时代相近的祭祀遗址，特别是中行遗址的发现，不仅成为郑韩故城考古史上的里程碑，而且还入选当年的"全国十大考古新发现"。

进入 21 世纪以来，在配合基建发掘的同时，也展开了主动性的考古工作。其中，经国家文物局的批准，对郑韩故城外许岗村的韩国王陵进行了大规模的发掘。该陵地虽然遭到过严重盗掘，但仍然获得许多新的发现。此外我们还对冯庄东周私营制陶遗址、能人路战国官营制陶遗址、后端湾郑国"中"字形大墓、新郑监狱春秋战国墓地及铸币遗址、毛园郑国贵族墓地、兴弘花园春秋战国遗址和墓地、热电厂春秋战国遗址和墓地、华瑞路宫殿区遗址、防疫站春秋战国墓地、月季新城春秋战国遗址和铜钱窖藏等进行了考古发掘。这些层出不穷的新资料，对郑韩故城的详尽研究有着十分重要的学术价值。

总的来说，郑韩故城四十多年来的考古工作是相当辉煌的，取得非常喜人的成绩。从目前的考古资料分析，郑韩故城城墙的范围、走向、形状、结构、始建和使用年代、建筑方法等，都是十分清楚的，故城内的平面布局和基本结构也是大致清晰的。西城应该是宫殿建筑基址的所在地，特别是西城的中部偏北和西北部地势较高的地带，也就是今天的阁老坟村一带；而东城则是手工业作坊较为集中的区域。在东城内的大吴楼和小高庄一带发现有铸铜遗址，仓城发现有铸铁遗址，此外还有人民路的制骨遗址、张龙庄的制玉遗址、热电厂和能人路的制陶遗址等。东城的东南部，即现在的仓城村附近，还应该是春秋至战国时期国家的大型仓廪区域，在这一带经常发现有口径极大，壁、底加工十分规整的圆形窖穴，而且在其底部出土有炭化的粮食颗粒和铺底用的腐朽的木板、席子等遗物。近年来在东城内，主要是政府后院的周围也发现有比较集中的大型建筑群，据推测当和郑国的宗庙有关，特别是在东城内的金城路、城市信用社、中行等处先后发现了多座保存完好的青铜礼器和乐器坑，大量制作精美、组合完整的青铜礼、乐器的出土，无疑对郑韩故城城市布局及宗庙社稷制度的研究提供了极为重要的新材料。墓葬分为贵族墓和平民墓两部分，春秋时期的高级贵族墓葬及其附葬坑主要分布在郑韩故城西城的李家楼附近和东城的后端湾周围，一般贵族墓葬在城内的热电厂、白庙范、张龙庄、大吴楼等地附近有发现。战国时期的韩国王室墓则主要埋葬在城外，集中在今天的许岗、冢岗、王行庄、胡庄、暴庄、宋庄、冯庄、李家渔夫子冢等地。另外，城内外还按区域分布着大量春秋战国时期的平民墓葬。

三 兴弘花园和热电厂两处墓地的发掘情况

兴弘花园和热电厂两处墓地历史上应属于一个大的墓葬区，二者之间仅相隔一条大路，是被后人人为地隔离开来，两个发掘区的直线距离不足 300 米（图一）。

兴弘花园是新郑市正弘房地产开发有限公司投资建设的一处花园别墅式的住宅小区。该基建地位于郑韩故城东城区的东部，向东距东城墙约 50 余米，其西紧邻溱水路，南依沈庄村，北接大吴楼的农耕地。建筑区东西长 480 米，南北宽 200 米，总面积 9.6

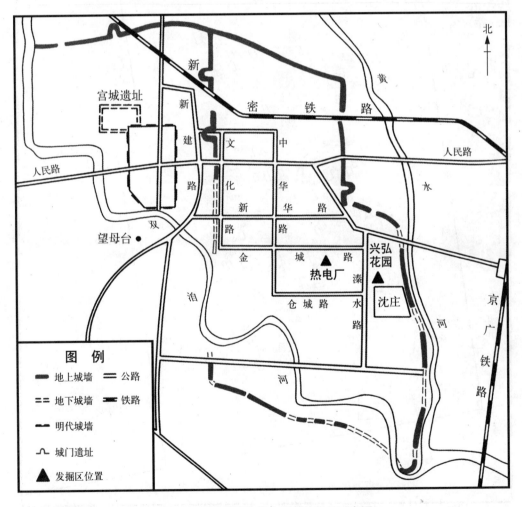

图一 兴弘花园和热电厂墓地位置示意图

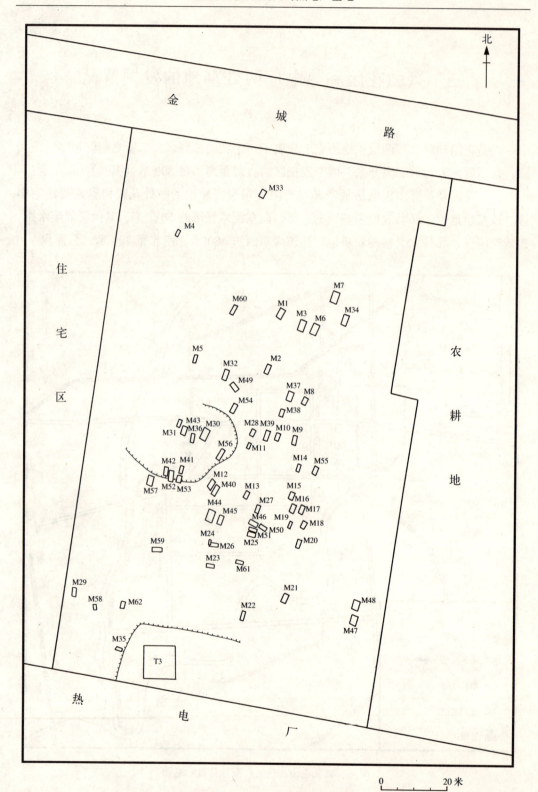

图二　热电厂墓地墓葬分布图

万平方米。

　　自 2003 年 1 月开始至 2005 年 7 月，配合该住宅小区的基建工程，河南省文物考古研究所新郑工作站先后进行了三次考古发掘，其中前两次发掘均是在基建方未进入工地前进行的，第三次发掘则是在施工的过程中，对以前遗漏的一些零星的墓葬和灰坑进行抢救性清理（图三）。

　　三次发掘共布 10 米×10 米探方 14 个，2 米×10 米探沟 1 条，加上清理的墓葬，共揭露面积 3500 平方米；发现西周至战国时期的中小型墓葬 151 座，灰坑 140 多座，水井 10 余眼，马坑 3 座以及战国时期的大型夯土基址 1 处，房址 1 座；出土了铜、玉、骨、蚌、陶、石等不同质料的文物千余件。另外，这些墓葬中出土了一批保存相当完好的人体骨架，这对我们研究此时期人类的种属、体质等有很重要的意义。

　　新郑市热电厂纸箱厂是由新郑市热电股份公司筹资兴建的下属企业。该基建地位于郑韩故城东城区的东部，东邻沈庄农耕地，南靠新郑热电厂，西依居民区，北隔金城路与新郑卷烟厂相望。整个基建区平面呈长方形，南北长 162 米，东西宽 98 米，总面积 15876 平方米。

　　2003 年 10 月至 2004 年 2 月，配合该企业的基建工程，我们对这里进行了抢救性发掘（图二）。

　　本次发掘共布 10 米×10 米探方 5 个，清理西周至战国时期的灰坑 95 个，水井 22 眼，陶窑 1 座及墓葬 63 座，出土了一大批各类质料的文物。

　　上述两个发掘区域内都既分布有密集的墓葬，又有大面积的遗址存在。特别是兴弘花园内发现有夯土遗迹，而且呈长条形分布，推测应为东城内的一段夯土墙基。

　　我们这次报告的主要内容就是对上述两个工地内发现的西周至战国时期墓葬的整理成果，而有关遗址和其他时代墓葬等部分的情况，我们将在另外的报告中详述。

　　我们对两处墓地的墓葬分别编号。为加以区别，文中对出自热电厂墓地的墓葬定名为热电 M（或热 M），未注地名或定名为兴弘 M 者，表示其出自兴弘花园墓地。

第二章　墓葬形制

　　兴弘花园与热电厂墓地共清理两周时期墓葬214座，其中兴弘花园151座，热电厂63座。这批墓葬均为土坑竖穴墓，平面形状有长方形和楔形两种，前者占大多数。坑壁有垂直和斜收的不同，坑壁斜收者绝大多数为内收，但有少量外斜。壁龛较流行（44座），少量墓葬有腰坑（11座）、二层台（19座）、脚窝（1座）等结构。其中二层台与壁龛共存的6座，腰坑与壁龛共存的2座，腰坑、壁龛、二层台并存的1座。另有一座是壁龛还是二层台不清楚。壁龛多为头龛，少量为足龛，有一座墓为角龛，并有一座边龛。腰坑形状有近长方形和椭圆形两种，内皆葬狗骨。二层台有一面、两面、四面等区别。根据棺椁情况的不同，我们将这214座墓葬分为六类。

一　甲类墓

　　二椁一棺，1座。

　　兴弘 M35：

　　墓葬平面略呈楔形，北宽南窄，方向190°。墓口长3.25、北宽1.96、南宽1.88米。墓葬开口距地表深1.6米，墓口距墓底深4.06～4.51米。坑壁垂直，壁面加工规整，平整光滑。填土为黄褐色花土，上部较硬，下部略松软，不分层次（图四；彩版一）。

　　葬具仅存板灰痕迹，可辨为两椁一棺，均为近长方形木结构。其中在外椁的南端、内外椁之间有一木结构的头箱，头箱的底部低于外椁及墓坑的底部，头箱内放置随葬器物。外椁长3.16、北宽1.7、南宽1.57、高0.85、壁厚0.06米，内椁长2.1、北宽1.18、南宽1.2、高0.58、壁厚0.06米，棺长1.8、北宽0.7、南宽0.76、残高0.1～0.14、壁厚0.06米，头箱长1.36、宽0.48米。棺下有两块垫木，一块位于死者小腿部棺板以下，长0.75～0.8、宽0.1～0.12米，另一块位于死者背部棺板以下。

　　人骨保存较完整，仅头骨被压扁。仰身直肢，双足并拢，双手置于腹部。墓主为女性，年龄大约在40至59岁之间。

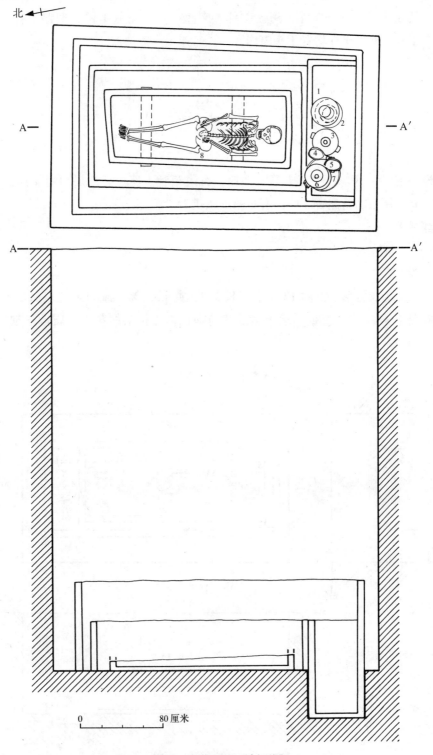

图四 兴弘 M35 平剖面图

1、2.陶罍 3.铜鼎 4.陶匜 5.铜舟 6.铜盏 7.陶盘 8.玉圭

随葬品 8 件，有陶罍 2 件，陶盘 1 件，陶匜 1 件，铜鼎 1 件，铜盏 1 件，铜舟 1 件，玉圭 1 件，除玉圭外均置于头箱内。

二　乙类墓

一椁一棺，40 座。其中有头箱者 7 座，有边箱者 1 座。有二层台者 1 座。有壁龛者 6 座。有二层台加壁龛者 3 座。有足箱加腰坑者 1 座。

墓葬举例：

1. 有头箱者

兴弘 M123：

墓葬平面为长方形，方向 12°。墓口长 2.7、宽 1.46 米。墓口距地表深 2.1 米，墓口距墓底深 1~1.1 米。直壁。填土为黄沙与褐色黏土相杂的花土，质地松软（图五；彩版四，2）。

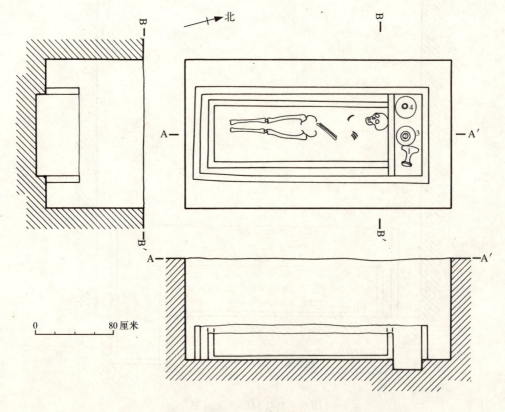

图五　兴弘 M123 平剖面图

1、2. 陶豆　3. 陶鬲　4. 陶盂

　　葬具仅存板灰痕迹，可辨为一椁一棺，棺椁均为长方形木结构。椁的南端隔出头箱放置随葬品。椁长1.98、北宽0.94、南宽0.9、残高0.33、壁厚0.06米，棺长1.82、北宽0.64、南宽0.67、残高0.26、壁厚0.04～0.06米。

　　人骨保存不好，上半身除头骨外腐朽较厉害。葬式应为仰身直肢。墓主性别及年龄不详。

　　随葬品4件，有陶鬲1件，陶盂1件，陶豆2件，均置于头箱内。

　　热电M15：

　　墓葬平面近长方形，方向200°。墓口长2.9、北宽1.4、南宽1.36米。墓口距地表深0.79米，墓口距墓底深2.14米。直壁。填土为五花土（图六）。

　　葬具仅存板灰痕迹，可辨为一椁一棺，棺椁均为长方形木结构。椁的南端于棺椁之间有头箱，头箱底部低于椁底及墓底，头箱内放置随葬品。椁长2.36、宽1.04、高0.5、壁厚0.06米，棺长1.74、宽0.62、残高0.07、壁厚0.05米。器物坑低于墓底0.18米。

　　人骨仅存下肢骨，性别、年龄不辨。

　　随葬品3件，有陶鬲1件，陶盂1件，陶豆1件，均置于椁内南端的器物坑内。

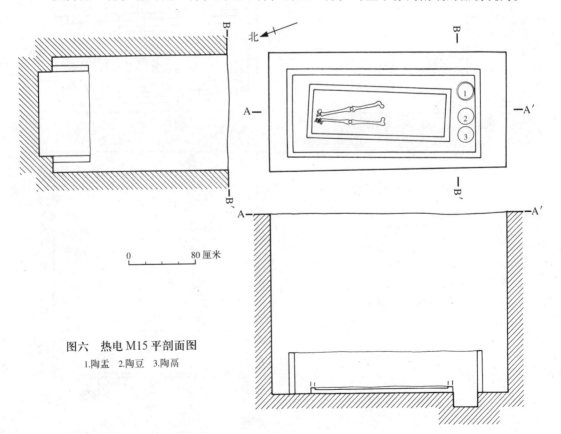

图六　热电M15平剖面图
1.陶盂　2.陶豆　3.陶鬲

热电 M27：

墓葬平面略呈楔形，北宽南窄，方向 25°。墓口长 2.53、北宽 1.44、南宽 1.35 米。墓口距地表深 0.9 米，墓口距墓底深 2.72 米。直壁。填土为五花土（图七；彩版四，1）。

葬具仅存板灰痕迹，可辨为一椁一棺，棺椁均为长方形木结构。椁的北端于棺椁之间有长方形头箱，头箱底部低于椁底及墓底，头箱内放置随葬品。椁长 2.4、北宽 1.08、南宽 1.04、高 0.56、壁厚 0.08 米，棺长 1.7、北宽 0.8、南宽 0.8、残高 0.07～0.3、壁厚 0.06～0.08 米，头箱长 1.08、西宽 0.48、东宽 0.58 米。头箱底部低于墓底 0.18 米。

人骨除足部外，保存完整。仰身直肢，头略向右偏，双手交叉置于腹部，双腿微曲。墓主为女性，年龄在 60 岁以上。

随葬品 10 件，有陶鬲 1 件，陶盂 2 件，陶豆 2 件，陶鼎 1 件，陶尊 2 件，玉圭 2 件。其中，陶器均置于器物坑内，玉圭置于墓主胸前。

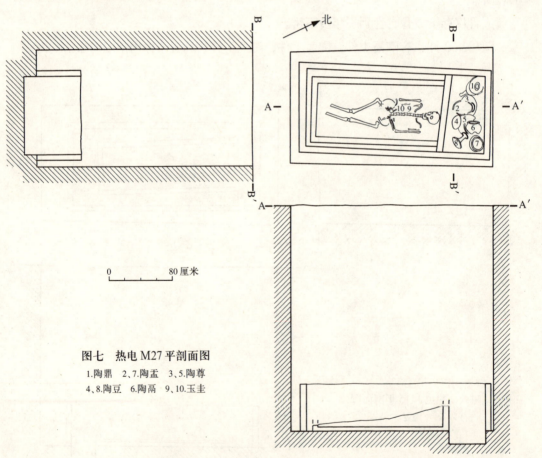

图七　热电 M27 平剖面图
1.陶鼎　2、7.陶盂　3、5.陶尊
4、8.陶豆　6.陶鬲　9、10.玉圭

0　　　　80 厘米

2. 有边箱者

兴弘 M53:

墓葬平面略呈楔形，北窄南宽，方向 3°。墓口长 2.49、北宽 1.16、南宽 1.23 米，墓底长 2.34、北宽 1.02、南宽 1.08 米，墓口距地表深 1.49 米，墓口距墓底深 2.97 米。斜壁。填土为松软的五花土（图八）。

葬具仅存板灰痕迹，可辨为一椁一棺，棺椁均为长方形木结构。木棺置于椁内西侧，椁内东侧空间作为边箱放置随葬品。椁长 2.16、北宽 0.96、南宽 1.03、残高 0.62、壁厚 0.04～0.08 米，棺长 1.88、北宽 0.52、南宽 0.5、残高 0.32、壁厚 0.06～0.1 米。

人骨保存完好。上半身平仰，双手置于腹部，下肢侧屈。墓主为女性，年龄在 40 至 59 岁之间。

随葬品 4 件，均置于椁内东侧，有陶鬲 1 件，陶盂 1 件，陶豆 2 件。

3. 有足箱加腰坑者

兴弘 M100:

墓葬平面为圆角长方形，方向 5°。墓口长 3.44、宽 2.04、墓底长 3.24、宽 1.6 米。墓口距地表深 1.87 米，墓口距墓底深 3.09 米。斜壁。填土为五花土（图九；彩版二，1）。墓底中部有腰坑，腰坑形状近长方形，长 0.86、最宽 0.32、深 0.28 米。内有一副狗骨架（图一〇；彩版二，2）。

葬具仅存板灰痕迹，可辨为一椁一棺。棺椁均为木结构，椁呈"Ⅱ"形，棺为长方形。椁室外有足箱，足箱平面形状呈梯形。椁长 2.3、北宽 1.16、南宽 1.26、残高 0.28、壁厚 0.06～0.08 米，棺长 2.04、北宽 0.72、南宽 0.68、残高 0.18、壁厚 0.06 米，足箱长 0.94～1.44、宽 0.42、残高 0.28、壁厚 0.07 米。

人骨仅下肢保存较完整。墓主性别及年龄不详。

随葬品 20 件，包括残陶鼎 1 件，铜盏 1 件，铜舟 1 件，铜戈 1 件，玉圭 1 件，玉玦 2 件，玉片 2 件，骨针 1 件，骨环 10 件。陶、铜器皿均置于近头部一端的椁板外，其余玉、骨器及铜戈置于棺内。

M100 西部紧靠西壁上口有一个祭祀坑，内有猪骨架一具。

4. 有壁龛者

兴弘 M129:

墓葬平面略呈楔形，北宽南窄，方向 10°。墓口长 2.56、北宽 1.3、南宽 1.2 米。墓口距地表深 2.3 米，墓口距墓底深 1.6 米。直壁。填土为黄沙与褐色黏土混合而成的松软花土（图一一）。墓室北壁有壁龛，弧顶平底，高 0.38、底宽 0.96 米。

葬具仅存板灰痕迹，可辨为一椁一棺。棺椁皆为楔形，北宽南窄。椁长 2.28、北

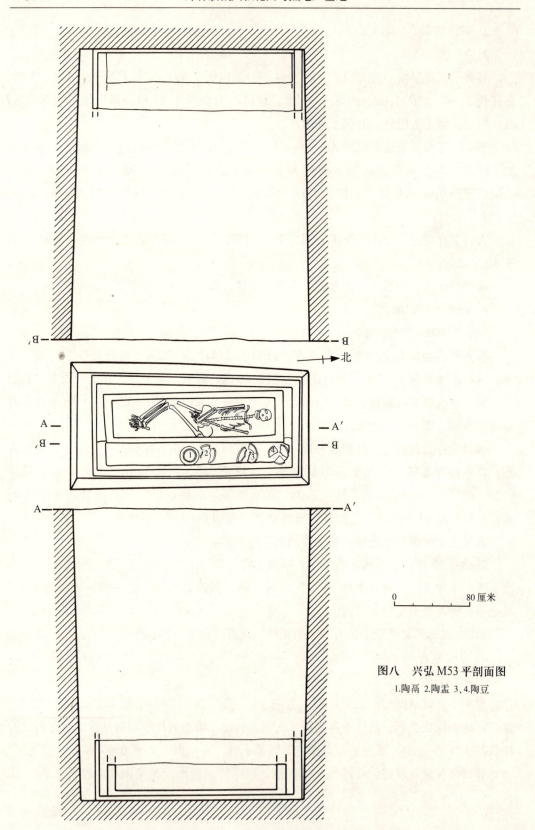

图八　兴弘 M53 平剖面图
1.陶鬲 2.陶盂 3、4.陶豆

宽 0.98、南残宽 0.7、高 0.6、壁厚 0.06 米，棺长 2、南残宽 0.44、北宽 0.68、残高 0.16、壁厚 0.02～0.06 米。

　　人骨小腿以下不存。仰身直肢，双手交叠于腹部。墓主为男性，年龄在 40 至 59 岁之间。

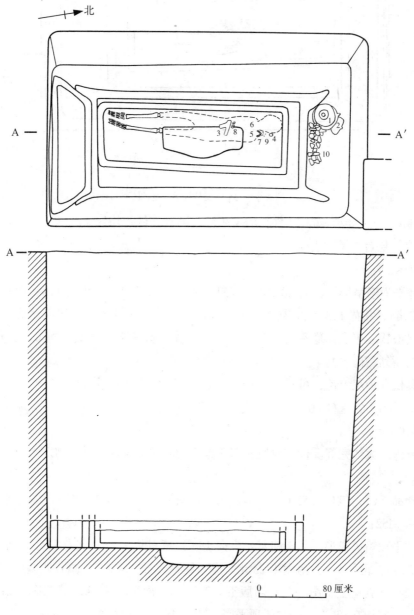

图九　兴弘 M100 平剖面图
1.铜盏 2.铜舟 3.铜戈 4、5.玉玦 6.骨环 7.玉片 8.玉圭 9.骨针 10.陶鼎

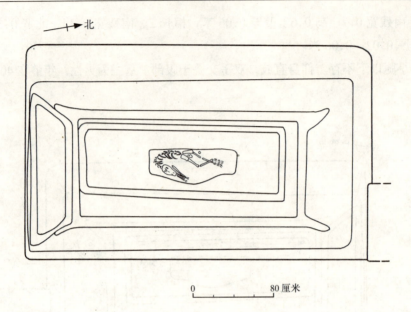

图一〇　兴弘 M100 腰坑平面图

随葬品 4 件，包括陶鬲 1 件，陶盂 1 件，陶豆 2 件，均置于壁龛中。

5. 有二层台加壁龛者

兴弘 M54：

墓葬平面略呈楔形，北宽南窄，方向 354°。墓口长 2.6、北宽 1.4、南宽 1.34 米，墓底长 2.44、北宽 1.34、南宽 1.3 米。墓口距地表深 1.5 米，墓口距墓底深 1.98 米。斜壁。填松软五花土。墓室北壁有二层台及壁龛，壁龛弧顶平底，宽 0.6、高 0.38 米（图一二；彩版五，1）。

葬具仅存板灰痕迹，可辨为一椁一棺。棺椁近长方形。椁长 2.24、北宽 1.04、南宽 0.98、高 0.36、壁厚 0.08 米，棺长 1.87、北宽 0.6、南宽 0.54、残高 0.18、壁厚 0.06～0.08 米。

人骨保存大体完好。仰身直肢，双手置于两腿之间。墓主为女性，年龄在 40 至 59 岁之间。

随葬品 5 件，包括陶鬲 1 件，陶盂 1 件，陶罐 1 件，陶豆 2 件，均置于壁龛中。

兴弘 M52：

墓葬平面略呈楔形，北端略宽，方向 185°。墓口长 2.68、北宽 1.45、南宽 1.4 米，墓底长 2.56、北宽 1.4、南宽 1.23 米。墓口距地表深 1.48 米，墓口距墓底深 2.46 米。斜壁。填松软五花土（图一三；彩版五，2）。墓室南壁有壁龛，壁龛底部凸出成二层台。二层台宽约 0.08 米。壁龛弧顶平底，宽 1.45 米，超过墓室，高 0.44 米。

葬具仅存板灰痕迹，可辨为一椁一棺。棺椁近长方形。椁长 2.42、北宽 1.23、南

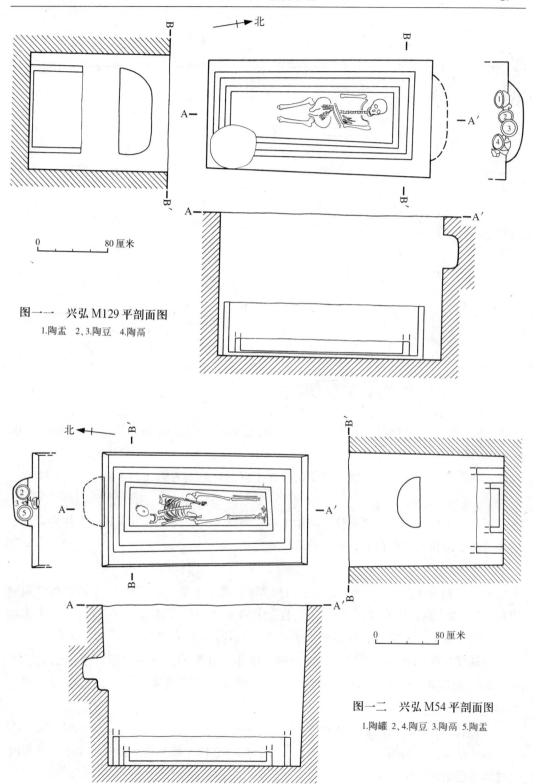

图一一　兴弘 M129 平剖面图
1.陶盂　2、3.陶豆　4.陶鬲

图一二　兴弘 M54 平剖面图
1.陶罐　2、4.陶豆　3.陶鬲　5.陶盂

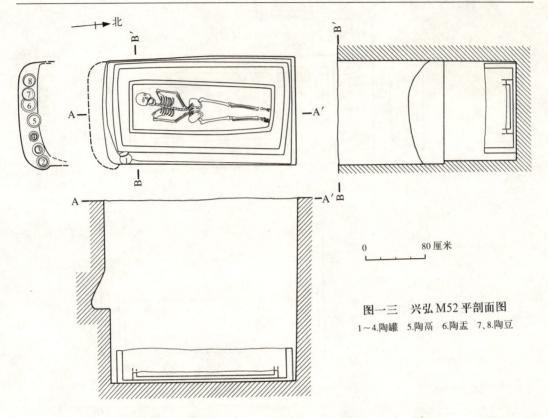

图一三 兴弘 M52 平剖面图
1~4.陶罐 5.陶鬲 6.陶盂 7、8.陶豆

宽 1.17、高 0.44、壁厚 0.06 米，棺长 2、北宽 0.62、南宽 0.69、残高 0.1、壁厚 0.04
~0.06 米。

人骨保存完好。仰身直肢，双手交叠置于腹部。墓主为男性，年龄在 40 至 59 岁之
间。

随葬品 8 件，包括陶鬲 1 件，陶盂 1 件，陶罐 4 件，陶豆 2 件。其中 1 件陶罐置于
龛外墓室东南角的二层台上，其余均置于壁龛内。

兴弘 M96：

墓葬平面为长方形，方向 12°。墓口长 2.5、宽 1.1 米，墓底长 2.33 米。墓口距地
表深 1.08 米，墓口距墓底深 2.92 米。直壁。填土为松软五花土（图一四）。墓室北端
有二层台及壁龛，二层台宽 0.2 米。壁龛宽 1.1、高 0.58、进深 0.05 米，极浅。

葬具仅存板灰痕迹，可辨为一椁一棺。椁作"Π"形，棺为楔形。椁长 2.18、北
宽 0.92、南宽 0.98、高 0.48、壁厚 0.06 米，棺长 1.97、北宽 0.54、南宽 0.66、残高
0.24、壁厚 0.04~0.06 米。

人骨已朽，葬式及性别、年龄皆不辨。

随葬品 4 件，包括陶鬲 1 件，陶盂 1 件，陶豆 2 件。原来均应置于壁龛中，发掘时
两件陶豆已滑落至填土中。

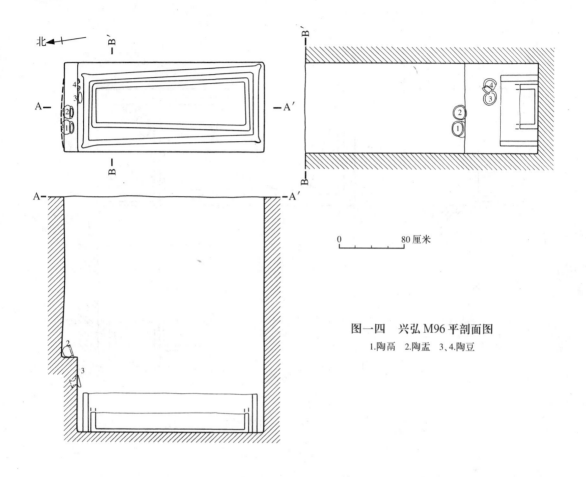

图一四 兴弘 M96 平剖面图
1.陶鬲 2.陶盂 3、4.陶豆

三 丙类墓

单椁，63 座。我们将宽度在 1 米以上（含 1 米）的单体葬具称为椁，而将宽度在 1 米以下的单体葬具称为棺。其中有 2 座是否有棺不详，其余均未见有棺。有头箱者 1 座。有腰坑者 3 座。有头箱加腰坑者 1 座。有壁龛者 4 座。有二层台者 1 座。有壁龛加腰坑者 1 座。有壁龛加二层台者 2 座。有壁龛、二层台及腰坑者 1 座。

墓葬举例：

1．有头箱者

兴弘 M121：

墓葬平面为长方形，因人骨不存，故依器物箱所处位置确定墓葬的方向为 218°。墓口长 2.74、宽 1.2 米。墓口距地表深 2.11 米，墓口距墓底深 1.1～1.26 米。直壁。

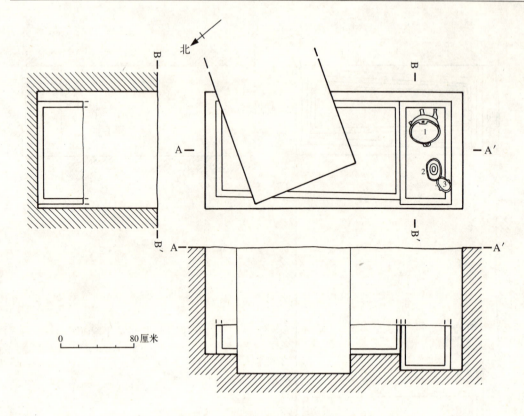

图一五　兴弘 M121 平剖面图
1.铜鼎　2.铜盏　3.铜舟

填土为黄沙土与褐色黏土混合而成的松软五花土（图一五）。

葬具仅存板灰痕迹，可辨为椁。椁近长方形，南侧有木结构的器物箱，确定其为头箱。头箱形状为长方形，头箱的底部低于墓底。椁长 1.94、北宽 0.98、南宽 1、残高 0.3、壁厚 0.06 米，头箱长 1.06、宽 0.55、高 0.46、壁厚 0.06 米。

人骨无存，葬式及性别、年龄不详。

随葬品 3 件，包括铜鼎 1 件，铜盏 1 件，铜舟 1 件，均置于头箱内。

2. 有头箱加腰坑者

兴弘 M42：

墓葬平面楔形，北宽南窄，方向 23°。墓口长 2.9、北宽 1.42、南宽 1.32 米。墓口距地表深 1.6 米，墓口距墓底深 2.64～2.85 米。直壁。填土为松软的五花土（图一六）。墓底有腰坑，腰坑平面略呈长方形，长 0.94、最宽 0.36、深 0.21 米。坑内葬狗一具，方向与墓主一致（图一七）。

葬具仅存板灰痕迹，可辨为椁。椁为"Ⅱ"形。椁外北端有木结构头箱与之相连。

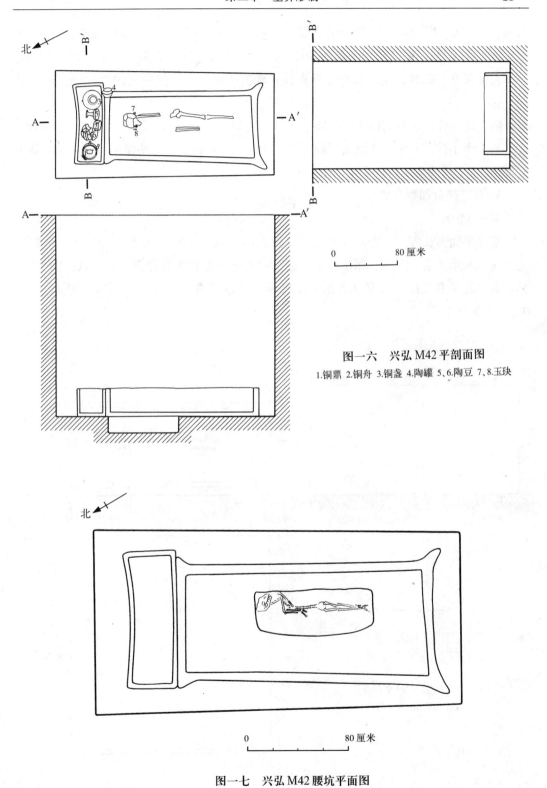

图一六　兴弘 M42 平剖面图

1.铜鼎 2.铜舟 3.铜盏 4.陶罐 5、6.陶豆 7、8.玉玦

图一七　兴弘 M42 腰坑平面图

头箱为长方形，其中北壁因挤压呈弧形，箱底与墓底平齐。椁长2.04、北宽0.96、南宽1.14、高0.37、壁厚0.06~0.08米，头箱长1.07、宽0.4、高0.37、壁厚0.04米。

人骨保存不完整，葬式似为仰身直肢。墓主性别不详，年龄大约在20至39岁之间。

随葬品9件，包括陶罐1件，陶豆2件，铜鼎1件，铜盏1件，铜舟1件，玉玦2件，残玉圭1件。其中，陶罐置于椁顶东北角，其余陶铜器置于头箱中，玉玦位于墓主头部两侧。

3. 有二层台加壁龛者

兴弘M99：

墓葬平面为长方形，方向358°。墓口长2.64、宽1.3米，墓底长2.44米。墓口距地表深1.6米，墓底距墓底深2.6米。直壁。填土为松软的五花土（图一八；图版三，1）。墓室北端有二层台，宽0.2米。二层台上开设壁龛，壁龛平底弧顶，宽1.3、高0.5、进深0.1米。

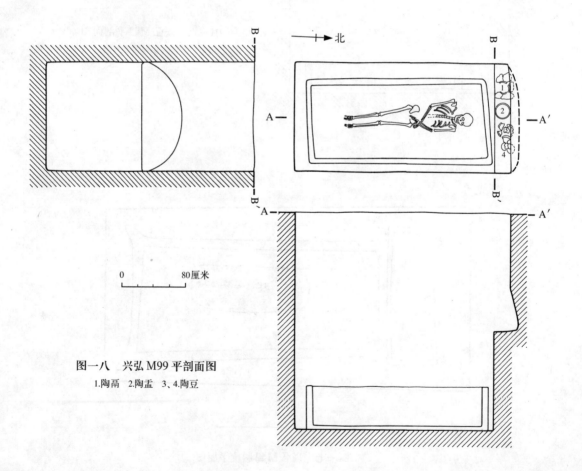

图一八　兴弘M99平剖面图
1.陶鬲　2.陶盉　3、4.陶豆

葬具仅存板灰痕迹，可辨为椁。椁近长方形，长 2.23、北宽 1.04、南宽 1、高 0.52、壁厚 0.04～0.08 米。

人骨保存完好，仰身直肢，双臂交叠于腹部。墓主性别不明，年龄在 40 至 59 岁之间。

随葬品 4 件，包括陶鬲 1 件，陶盂 1 件，陶豆 2 件。由于壁龛进深较浅，故随葬品均置于二层台与壁龛之间。

热电 M31：

墓葬平面为楔形，北窄南宽，方向 40°。墓口长 2.7 米，墓底长 2.6、北宽 1.16、南宽 1.24 米。墓口距地表深 0.6 米、墓口距墓底深 2.08 米。直壁。填土为松软的五花土（图一九）。墓室北壁有壁龛，壁龛底凸出成二层台。壁龛底部呈西高东低的台阶状，宽 1.16 米，龛顶略呈弧形。最高 0.42 米。二层台宽 0.1 米。

葬具仅存板灰痕迹，可辨为椁。椁略呈"Ⅱ"形，长 2.4、宽 1.04～1.12、高 0.58、壁厚 0.06～0.08 米。

人骨无存，葬式及性别、年龄不详。

随葬品 5 件，包括陶鬲 1 件，陶盂 1 件，陶罐 1 件，陶豆 2 件，均置于壁龛中。

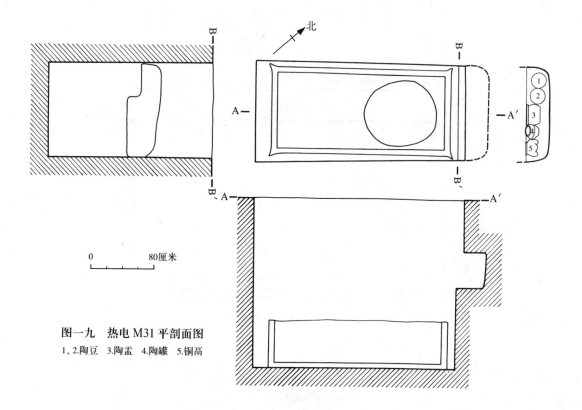

图一九　热电 M31 平剖面图

1、2.陶豆　3.陶盂　4.陶罐　5.铜鬲

4. 有壁龛者

兴弘 M18（一侧）：

墓葬平面为长方形，方向 100°。墓口长 2.5、西宽 1.13、东宽 1.15 米。墓口距地表深 1.5 米，墓口距墓底深 1.36 米。直壁。填土为松软的五花土（图二〇；彩版六，2）。墓室北侧东端设有壁龛，壁龛平底弧顶，宽 1.14、高 0.31 米，最大进深 0.12 米。

葬具仅存板灰痕迹，可辨为椁。椁为"Π"形，长 2.26、西宽 1、东宽 1.03、残高 1.34 米，壁厚 0.06~0.08 米。

人骨保存完整，仰身直肢，双手交叠置于腹部。墓主为女性，年龄在 40 至 59 岁之间。

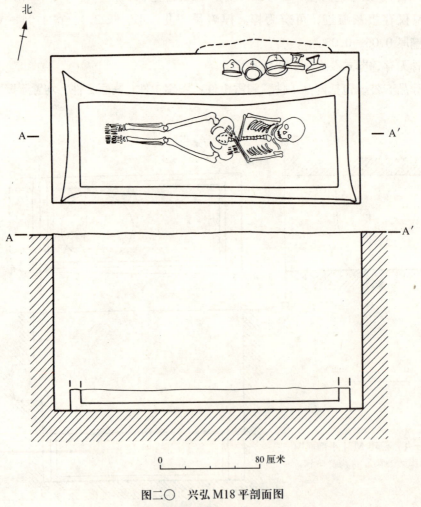

图二〇　兴弘 M18 平剖面图

1、2.陶豆　3.陶盂　4.陶罐　5.陶鬲

随葬品5件，包括陶鬲1件，陶盂1件，陶罐1件，陶豆2件，原来应置于边龛中，出土时已滑落至填土中。

兴弘M31：

墓葬平面略呈长方形，方向190°。墓口长2.66、北宽1.36、南宽1.32，墓底北宽1.32、南宽1.24米。墓口距地表深1.5米，墓口距墓底深2.22米。墓壁南北两端垂直，东西两侧斜收。填土为松软的五花土。墓室南端有壁龛，壁龛平底弧顶，宽1、高0.3米（图二一）。

葬具仅存板灰痕迹，可辨为椁。椁为长方形，长2.2、北宽1.02、南宽1、残高0.62、壁厚0.06～0.08米。

人骨保存不好，应为仰身直肢。墓主为女性，年龄在40至59岁之间。

随葬品5件，包括陶鬲1件，陶盂1件，陶罐1件，陶豆2件，均置于壁龛中。

5. 有二层台者

兴弘M57：

墓葬平面呈长方形，正北方向。墓口长2.59、宽1.3米，墓底长2.3、北宽1.18、南宽1.1米。墓口距地表深1.52米，墓口距墓底深1.6米。斜壁。填土为松软的五花土（图二二）。墓室北端有二层台，二层台宽0.2米。

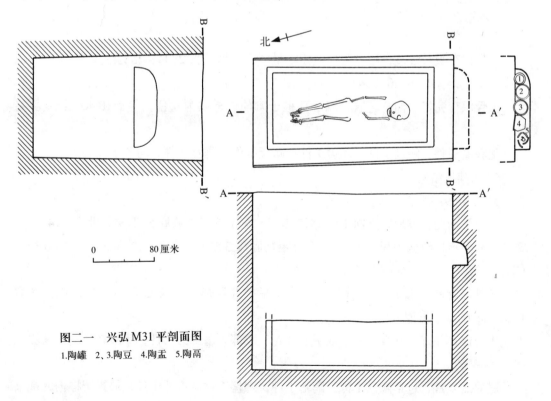

0　　　　　80厘米

图二一　兴弘M31平剖面图

1.陶罐　2、3.陶豆　4.陶盂　5.陶鬲

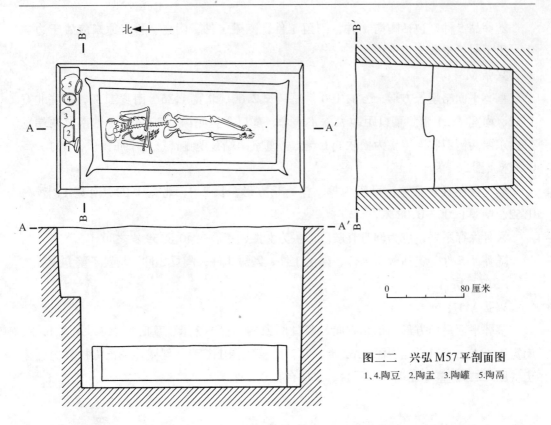

图二二　兴弘 M57 平剖面图
1、4.陶豆　2.陶盂　3.陶罐　5.陶鬲

　　葬具仅存板灰痕迹，可辨为椁。椁略呈"Ⅱ"形，长 2.04、北宽约 1、南宽 0.96、残高 0.4、壁厚 0.06～0.1 米。

　　人骨保存完好，仰身直肢，双手环抱于胸前。墓主为女性，年龄在 40 至 59 岁之间。

　　随葬品 5 件，陶鬲 1 件，陶盂 1 件，陶罐 1 件，陶豆 2 件，均置于二层台上。

　　6. 无其他结构者

　　兴弘 M69：

　　墓葬平面为长方形，方向 12°。墓口长 3、宽 1.6 米，墓底长 2.84、北宽 1.42、南宽 1.4 米。墓口距地表深 1.41 米，墓口距墓底深 3.7 米。斜壁。填土为松软的五花土（图二三）。

　　葬具仅存板灰痕迹，可辨为椁。椁略呈"Ⅱ"形。椁长 2.6、南宽 1.12、北宽 1.13、高 0.56、壁厚 0.06～0.08 米。

　　人骨保存完好，仰身直肢，双手交叠置于腹部。墓主为男性，年龄在 40 至 59 岁之间。

　　随葬品 4 件，包括陶鼎 1 件，陶罍 1 件，陶盏 1 件，兽牙 1 件，放置于椁内北端墓

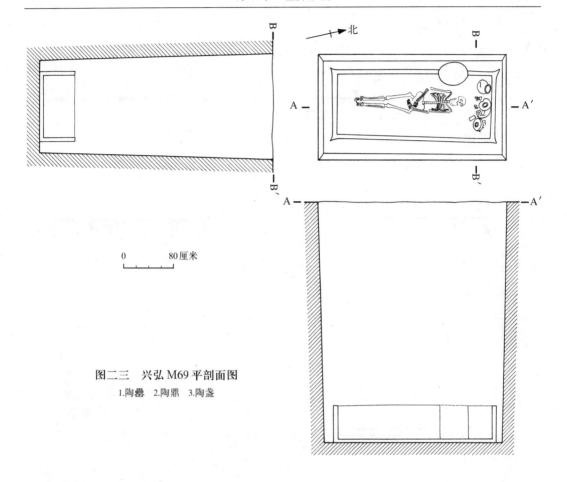

图二三　兴弘 M69 平剖面图
1.陶罍　2.陶鼎　3.陶盏

主头顶处。

热电 M35：

墓葬平面为长方形，方向 291°。墓口长 2.86、西宽 1.27、东宽 1.3 米。墓口距地表深 0.5 米，墓口距墓底深 1.8 米。直壁。填土为松软的五花土（图二四）。

葬具仅存板灰痕迹，可辨为椁。椁近长方形，长 2.34、西宽 1.06、东宽 1.08、高 0.44、壁厚 0.06 米。

人骨保存较好，仰身直肢，双手交叠置于腹部，掌骨不存。墓主为女性，年龄在 40 至 59 岁之间。

随葬品 3 件，包括陶鬲 1 件，陶盂 1 件，陶罐 1 件，放置于椁内西端墓主头顶处。

热电 M40：

墓葬平面为长方形，方向 40°。墓口长约 3、宽 1.5 米。墓口距地表深 0.7 米，墓口距墓底深 2.66 米。直壁。填土为松软的五花土（图二五；彩版七，1）。

葬具仅存板灰痕迹，可辨为椁。椁呈"Ⅱ"形，长 2.62、宽 1.34、高 0.36、壁厚

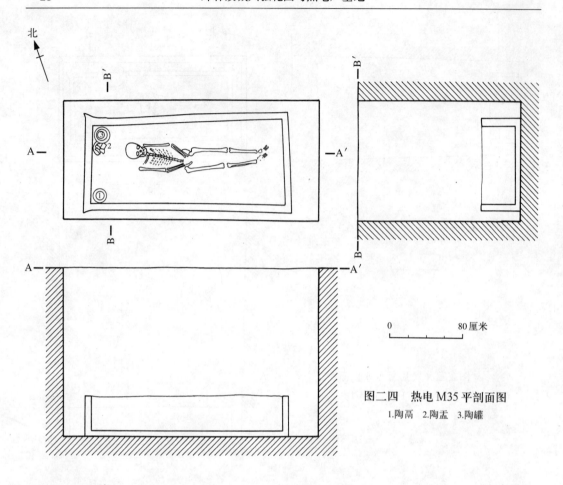

图二四　热电 M35 平剖面图
1.陶鬲　2.陶盂　3.陶罐

0.06~0.08 米。

人骨保存较完整，仰身直肢，双手交叠置于腹部。墓主为男性，年龄在 40 至 59 岁之间。

随葬品 9 件，包括陶鼎 1 件，陶罍 2 件，陶盘 1 件，陶匜 1 件，铜盏 1 件，铜舟残耳 1 件，放置于椁内北端墓主头顶处，另有玉玦 2 件，置于墓主头部两侧。

兴弘 M127：

墓葬平面为长方形，方向 290°。墓口长 2.4、宽 1.04 米。墓口距地表深 2.2 米，墓口距墓底深 0.6 米。直壁。填土为松软的五花土（图二六；图版二，2）。

葬具仅存板灰痕迹，可辨为椁。椁呈楔形，长 2.1、东宽 1.04、西宽 0.76、高 0.36、壁厚 0.04~0.06 米。

人骨保存较好，仰身直肢，双臂交叠于腹部。墓主为男性，年龄在 60 岁以上。

随葬品 4 件，包括陶鬲 1 件，陶盂 1 件，陶罐 1 件，陶豆 1 件，均置于墓室西端棺的顶部。

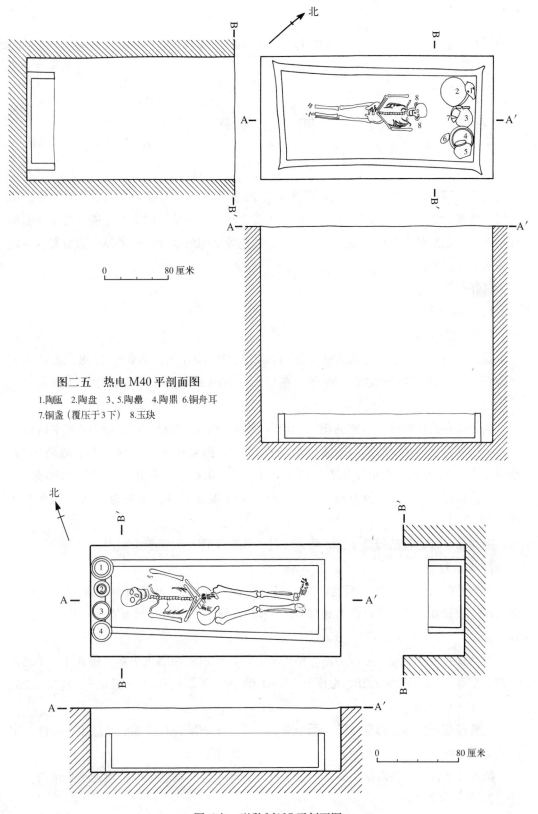

北

0   80厘米

图二五　热电M40平剖面图
1.陶匜　2.陶盘　3、5.陶罍　4.陶鼎 6.铜舟耳
7.铜盉（覆压于3下）　8.玉玦

北

0   80厘米

图二六　兴弘M127平剖面图
1.陶鬲　2.陶罐　3.陶豆　4.陶盂

四　丁类墓

　　单棺，77座。有头箱者3座。有壁龛者25座，1座为角龛。有二层台者1座。有二层及壁龛者1座。有脚窝者1座。有腰坑者3座。有腰坑加壁龛者1座。有1座墓葬具是二层台还是壁龛不能确定。无二层台、壁龛等结构的墓葬，随葬品一般放置在头端棺板的上方。

　　墓葬举例：

　　1. 有头箱者

　　兴弘M8：

　　墓葬平面为长方形，方向350°。墓口长2.5、宽1.04米，墓底长2.38、北宽0.9、南宽0.84米。墓口距地表深1.89米，墓口距墓底深1.74米。斜壁。填土为松软的五花土（图二七）。

　　葬具仅存板灰痕迹，可辨为棺。棺略呈楔形。棺外北端与墓室北壁间有木结构头箱，头箱亦略呈楔形，底部与棺底平齐。棺长1.8、南宽0.66、北宽0.74、残高0.24、壁厚0.04～0.06米，头箱长0.78、西宽0.4、东宽0.43、残高0.24、壁厚0.04米。

　　人骨保存较完整，仰身直肢，左臂直伸，右手握住左臂。墓主为女性，年龄在40至59岁之间。

　　随葬品4件，包括陶鬲1件，陶盂1件，陶豆2件，均置于头箱内。

　　热电M5：

　　墓葬平面为楔形，北窄南宽，方向205°。墓口长2.5、北宽0.96、南宽1.07米。墓口距地表深0.4米，墓口距墓底深0.72米。直壁。填土为松软五花土（图二八；图版一，1）。

　　葬具仅存板灰痕迹，可辨为棺。棺近长方形，棺内南端隔出头箱。棺长1.9、北宽0.77、南宽0.84、残高0.28、壁厚0.06～0.08米，头箱长0.78、宽0.3、残高0.28、壁厚0.06～0.08米。

　　人骨保存较完整。仰身直肢，面向东，左手置于胸部，右臂零乱。墓主为男性，年龄约20至39岁。

　　随葬品5件，包括陶鬲1件，陶盂1件，陶罐1件，陶豆2件，均置于头箱内。

　　2. 有壁龛者

　　兴弘M63：

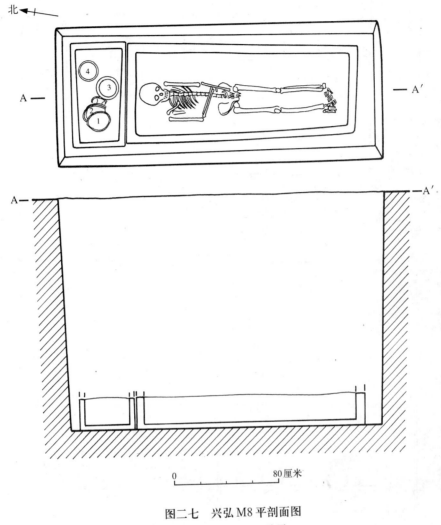

图二七　兴弘 M8 平剖面图

1、2.陶豆　3.陶盂　4.陶鬲

墓葬平面为长方形，方向 10°。墓口长 2.92、宽 1.56 米，墓底长 2.84、宽 1.5 米。墓口距地表深 1.35 米，墓口距墓底深约 3 米。斜壁。填土为松软的五花土（图二九；图版二，1）。墓室西北角有角龛，角龛平底弧顶。

葬具仅存板灰痕迹，可辨为棺。棺呈长方形，长 2.26、宽 0.92、残高 0.44、壁厚 0.06～0.08 米。

人骨保存完整，仰身直肢，双手交叠置于腹部。墓主为女性，年龄在 40 至 59 岁。

随葬品 3 件，包括陶鬲 1 件，陶盂 1 件，陶豆 1 件，均置于角龛中。

兴弘 M28：

墓葬平面为长方形，方向 190°。墓口长 2.66、宽 1.4 米，墓底长 2.14、宽约 1 米。

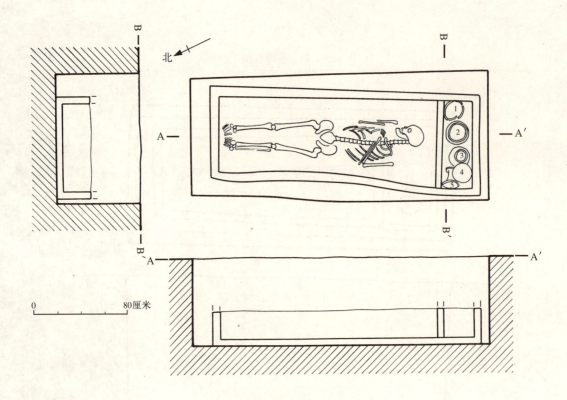

图二八　热电 M5 平剖面图
1.陶盂　2.陶鬲　3.陶罐　4、5.陶豆

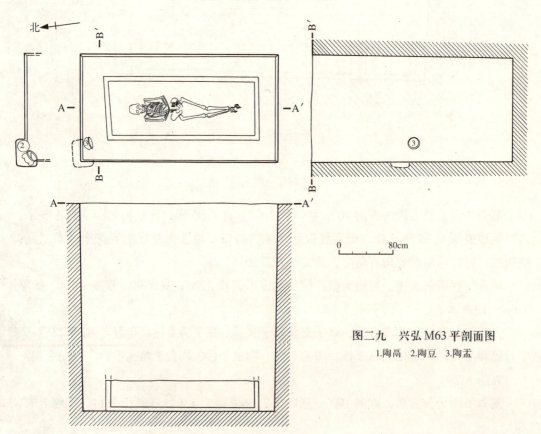

图二九　兴弘 M63 平剖面图
1.陶鬲　2.陶豆　3.陶盂

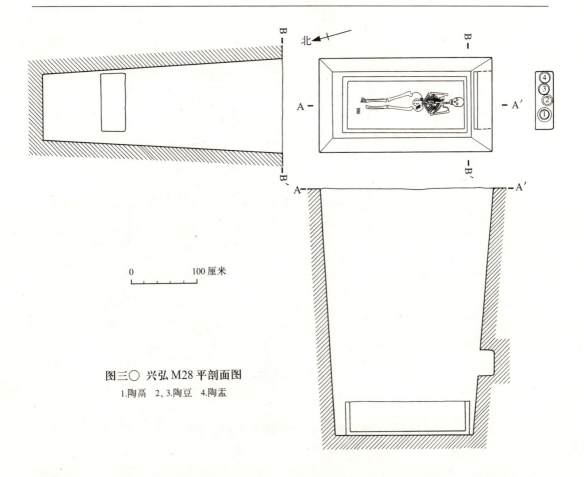

图三〇　兴弘 M28 平剖面图
1.陶鬲　2、3.陶豆　4.陶盂

墓口距地表深 1.99 米，墓口距墓底深 3.66 米。斜壁。填土为略硬的五花土（图三〇；
彩版七，2）。墓室南壁有壁龛。壁龛平底平顶，宽 0.86、高 0.37 米。

葬具仅存板灰痕迹，可辨为棺。棺为长方形，长 1.92、宽 0.84、高 0.5、壁厚
0.06 米。

人骨保存完整，仰身直肢，双手交叠置于腹部。墓主为男性，年龄在 40 至 59 岁之间。

随葬品 4 件，包括陶鬲 1 件，陶盂 1 件，陶豆 2 件，均置于壁龛中。

兴弘 M56：

墓葬平面为长方形，方向 5°。墓口长 2.2、宽 1.26 米，墓底长 2.5、宽 1.06 米。
墓口距地表深 1.5 米，墓口距墓底深 2.06 米。墓室南北两壁外斜，东西两壁内收。填
土为松软的五花土（图三一）。墓室南壁有壁龛，壁龛宽 0.88、高 0.34 米。

葬具仅存板灰痕迹，可辨为棺。棺为长方形，长 2.3、北宽 0.82、南宽 0.84、残
高 0.36、壁厚 0.06～0.1 米。

人骨保存较好，侧身直肢，面朝西。墓主为女性，年龄在 60 岁以上。

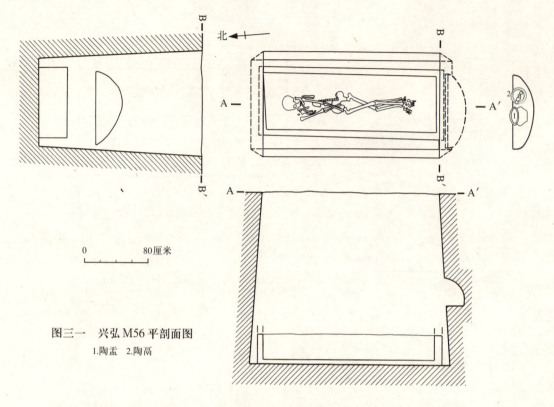

图三一　兴弘 M56 平剖面图
1.陶盂　2.陶鬲

随葬品 2 件，包括陶鬲 1 件，陶盂 1 件，均放置于壁龛中。

3.有腰坑者

兴弘 M41：

墓葬平面为长方形，方向 355°。墓口长 2.6、宽 1.17 米，墓底长 2.5、宽 1 米。墓口距地表深 1.4 米，墓口距墓底深 2.2 米。斜壁。填土为松软五花土（图三二；彩版六，1）。墓底有腰坑，近椭圆形，最长 0.95、最宽 0.42、深 0.2 米（图三三）。腰坑内葬狗一具，方向与墓葬一致。

葬具仅存板灰痕迹，可辨为棺。棺近长方形，长 2.1、宽 0.91、残高 0.3、壁厚 0.06 米。

人骨保存完好。仰身直肢，双手交叉置于腰际。墓主为男性，年龄约 40 至 59 岁。

随葬品 5 件，包括陶鬲 1 件，陶盂 1 件，陶罐 1 件，陶豆 2 件，放置于墓室北端棺板与墓壁之间。

4.有壁龛加腰坑者

兴弘 M6：

墓葬平面略呈楔形，方向 290°。墓口长 2.2、东宽 0.96、西宽约 1 米，墓底长 2.16、东宽 0.9、西宽 0.95 米。墓口距地表深 1.3 米，墓口距墓底深 1.5 米。斜壁

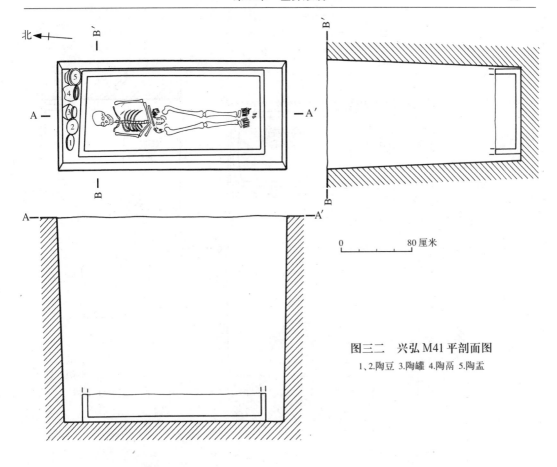

图三二 兴弘 M41 平剖面图
1、2.陶豆 3.陶罐 4.陶鬲 5.陶盂

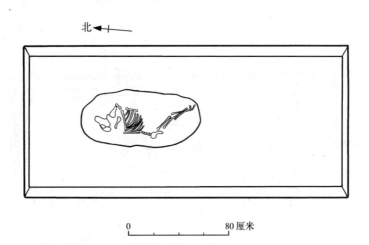

图三三 兴弘 M41 腰坑平面图

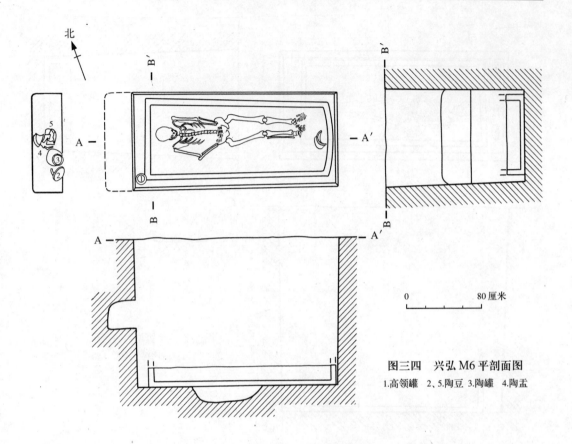

图三四　兴弘 M6 平剖面图
1.高领罐　2、5.陶豆　3.陶罐　4.陶盂

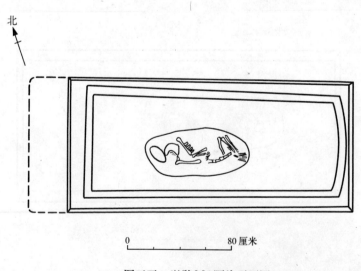

图三五　兴弘 M6 腰坑平面图

（图三四）。墓室西壁有壁龛，壁龛平底，平顶抹角。墓底有腰坑，腰坑近椭圆形，内葬一具狗骨，方向与墓主一致（图三五）。

葬具仅存板灰痕迹，可辨为棺。棺略呈楔形，长 2.02、东宽 0.75、西宽 0.83、残高 0.2、壁厚 0.07 米。

人骨保存较完整，仰身直肢，双手交叠置于腹部。墓主为女性，年龄在 40 至 59 岁之间。

随葬品 5 件，包括陶盂 1 件，陶罐 1 件，陶豆 2 件，陶高领罐 1 件，均置于壁龛中。

5. 有脚窝者

兴弘 M108：

墓葬平面为长方形，方向 358°。墓口长 2.15、宽 1.08 米。墓口距地表深 2.5 米，墓口距墓底深 3.28 米。直壁（图三六；图版三，2）。墓室的东壁和北壁各有四个供上下的脚窝，脚窝基本为半圆形。

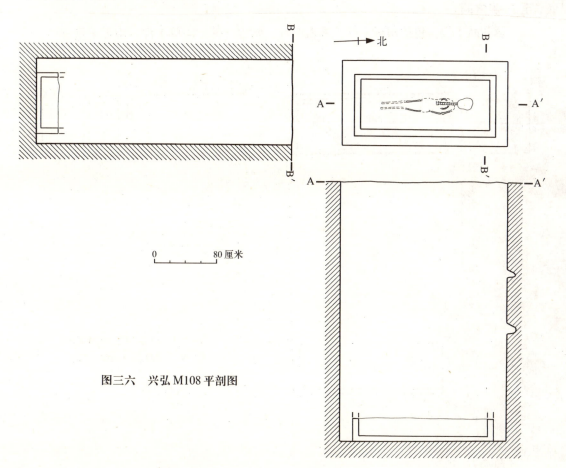

图三六　兴弘 M108 平剖图

葬具仅存板灰痕迹，可辨为棺。棺为长方形，长 1.84、宽 0.78、残高 0.28 米，壁厚 0.06～0.08 米。

人骨保存不好，大致可看出葬式为仰身直肢。墓主性别、年龄不详。

未发现随葬品。

6. 有二层台加壁龛者

兴弘 M22：

墓葬平面为长方形，方向 350°。墓口长 2.44、宽 0.83 米，墓底长 2.1、宽 0.78 米。墓口距地表深 1.18 米，墓口距墓底深 2.88 米。微斜壁（图三七）。墓室北端有二层台，二层台下面开设壁龛，壁龛平底，平顶抹角。二层台宽 0.1 米，壁龛宽 0.8、高 0.4 米。

葬具仅存板灰痕迹，可辨为棺。棺为长方形，长 2.02、北宽 0.76、南宽 0.74、高 0.7、壁厚 0.06～0.08 米。

人骨保存完好，上身平仰，下肢侧屈，双手环抱于腹部。墓主为女性，年龄在 40 至 59 岁之间。

随葬品 5 件，包括陶鬲 1 件，陶盂 1 件，陶豆 2 件，陶尊 1 件，均置于壁龛中。

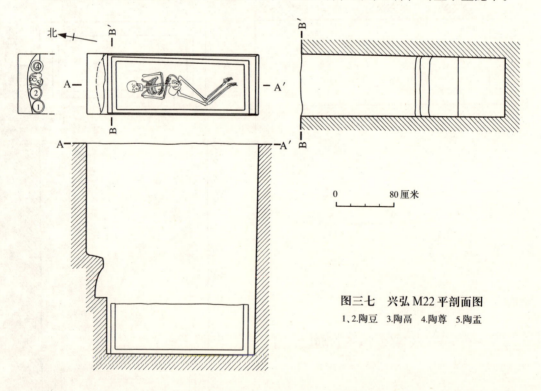

图三七　兴弘 M22 平剖面图

1、2.陶豆　3.陶鬲　4.陶尊　5.陶盂

五　戊类墓

空心砖墓，2座。

兴弘 M154：

墓葬平面为长方形，方向 3°。墓口长 2.5、宽 1.2 米。墓口距地表深 0.7 米，墓口距墓底深 1.34 米。直壁。填土为松软的五花土（图三八；图版一，2）。

葬具为空心砖棺。砖棺东西两侧各以四块空心砖两两相叠形成棺的边板，南北两端敞开，不见挡板。砖棺东壁长 2.04 米，西壁长 1.9 米，外宽、内宽 0.7、高 0.72 米。

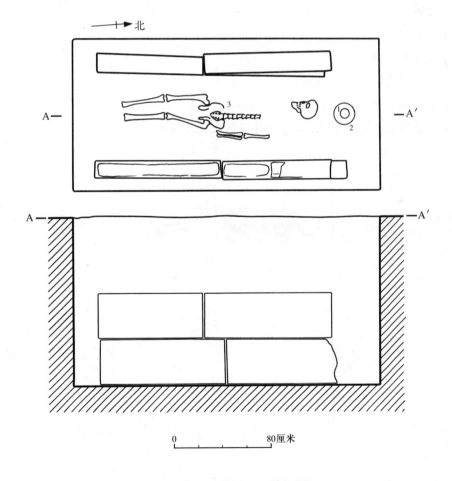

图三八　兴弘 M154 平剖面图

1.陶壶　2.陶钵　3.铁带钩

空心砖规格略有不同，较长者长约 1、宽 0.35、厚 0.14 米，短的长 0.86 米，宽度、厚度与前者相当。

人骨保存不太完整，应为仰身直肢。墓主为男性，年龄在 20 至 39 岁之间。

随葬品 3 件，包括陶壶 1 件，陶钵 1 件，铁带钩 1 件。两件陶器相叠置于墓室北端墓主的头顶部，另有 1 件铁带钩，出土于墓主的髋骨右侧。

六　己类墓

葬具不存或原本无葬具，此类墓共 31 座（其中 2 座墓葬遭破坏，结构不明）。有二层台者 9 座。

墓葬举例：

1. 无二层台者

兴弘 M72：

墓葬平面为长方形，方向 355°。墓口长 1.44、宽 0.6 米。墓口距地表深 1.6 米，墓口距墓底深 0.8 米。直壁。填土为松软的五花土（图三九）。

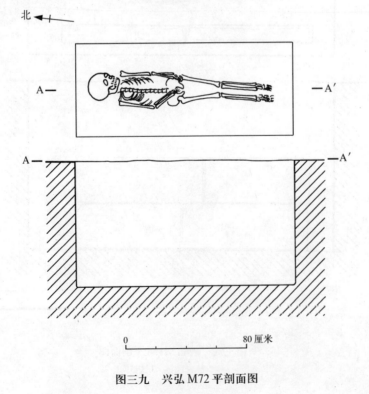

图三九　兴弘 M72 平剖面图

未发现葬具。

人骨保存完整，仰身直肢，双手置于腹部。墓主性别不明，年龄约十岁左右。

未发现随葬品。

2. 有二层台者

兴弘 M87：

墓葬平面呈楔形，北窄南宽，方向358°。墓口长2.06、北宽0.62、南宽0.74米，墓底长2、北宽0.38、南宽0.42米。墓口距地表深2.45米，墓口距墓底深1.1米。斜壁。填土为松软的五花土（图四○）。墓室东西两侧有二层台，东面的二层台最宽处0.1、最窄处0.04米，西面的二层台宽0.24～0.28米。

未发现葬具。

人骨保存较好，侧身直肢向西。墓主为男性，年龄在40至59岁之间。

未发现随葬品。

兴弘 M89：

墓葬平面呈长方形，方向358°。墓口长2.1、北宽0.75、南宽0.77米，墓底长

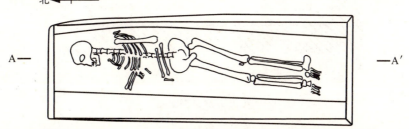

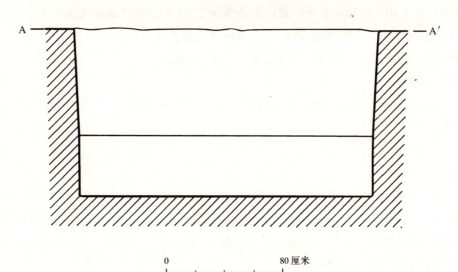

0   80厘米

图四○ 兴弘 M87 平剖面图

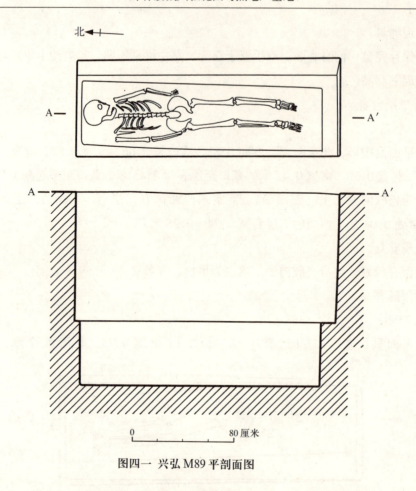

图四一　兴弘 M89 平剖面图

1.92、北宽 0.48、南宽 0.5 米。墓口距地表深 2.47 米，墓口距墓底深 1.5 米。东、南两壁向内斜收，西、北两壁垂直。填土为松软的五花土（图四一）。四面皆有二层台。二层台南壁最宽，约 0.12 米，北壁最窄，约 0.04 米。

未发现葬具。

人骨保存完好，仰身直肢，面朝东，双手置于身侧。墓主为女性，年龄在 40 至 59岁之间。

未发现随葬品。

兴弘 M111：

墓葬平面略呈楔形，西窄东宽，方向 280°。墓口长 1.3、西宽 0.48、东宽 0.56 米，墓底长 1.3、西宽 0.26、东宽 0.3 米。地表距墓底深 2.39 米，墓口西端距墓底深 0.76米，东端距墓底深 0.96 米。直壁。填土为松软的五花土（图四二）。墓室南侧有二层台，二层台宽 0.21～0.28 米。

未发现葬具。

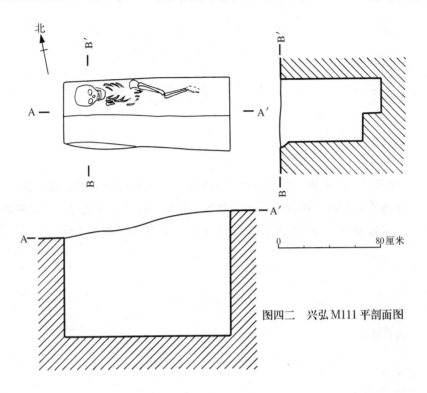

图四二　兴弘M111平剖面图

人骨保存不完整，似上身平仰，下肢微屈。墓主性别不明，年龄约1至5岁。随葬物品仅发现骨料。

第三章　出土遗物

兴弘花园及热电厂墓地共出土各类遗物 533 件（其中蚌仿贝因破碎严重，只计完整者 3 件），质地包括陶器、铜器、玉器、骨器、蚌器、石器、铁器等。其中陶器 379 件，铜器 28 件，玉器 80 件，骨器 28 件，蚌器 16 件，石器和铁器各 1 件。

一　陶　器

两处墓地出土的陶器分日用陶器和仿铜陶礼器两大类。

（一）日用陶器

日用陶器共出土 325 件，器类包括鬲、豆、盂、罐、簋、高领罐、盆、钵、纺轮等。

1. 鬲

共出土 66 件（其中 M39 所出 1 件未复原），均为夹砂陶，有夹细砂和夹粗砂之别，以夹细砂陶为主。按陶色分，有红陶、灰陶、红褐陶、红褐胎灰黑皮陶等几类，而以红陶为主，其次为灰陶。器腹皆饰绳纹，绳纹有特粗绳纹（图四三，1）、中粗绳纹（图四三，2、3）、粗绳纹（图四三，4、5）、中绳纹（图四三，6、7）、细绳纹（图四三，8、9）等，有的是两种或三种绳纹同时出现在一件器物上。大部分鬲的肩部有瓦棱状的宽凹带，少量为弦纹，也有为绳纹者。有的在肩部饰泥饼状（图四六，6）或泥条状装饰，泥饼为单个，泥条呈"L"形，有一个（图四四，7；图版五，1）、二个（图四四，11；图版五，3）或三个的不同，此类装饰皆见于夹细砂红陶鬲的表面。少数鬲内还保存有兽骨或禽骨。

根据裆、足部的形制不同，可分为五型。

A 型　45 件。分裆小袋足，有尖足根。分二亚型。

Aa 型　37 件。器形略小，高度一般低于 16 厘米，绝大多数在 15 厘米以下。分为七式。

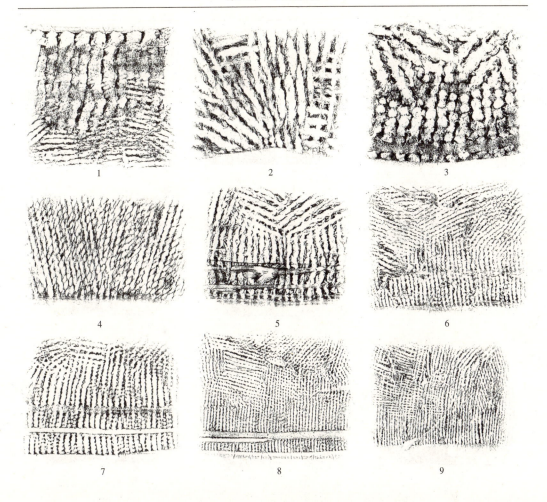

图四三　陶鬲腹部绳纹

1. 特粗绳纹（兴弘 M129：4）　2、3. 中粗绳纹（兴弘 M123：3、兴弘 M151：1）　4、5. 粗绳纹（兴弘 M22：3、兴弘 M152：1）　6、7. 中绳纹（兴弘 M2：4、兴弘 M28：1）　8、9. 细绳纹（兴弘 M51：2、兴弘 M56：2）均为 1/3

Ⅰ式　5件。宽仰折沿，三足外张。其中一件（热 M59：1）器形特别扁矮。

标本 M55：4（图四四，1；图版四，1），宽大仰折沿，尖圆唇，斜腹，袋足外张，尖足根，平裆与足根齐平，内壁有裆线。夹粗砂褐陶，色泽不纯，局部烧成红褐色或灰褐色，有烟炱痕。沿面有三道凹弦纹，通体饰中绳纹。口径 17.9、腹径 16.2、高 13.8 厘米。

标本 M120：1（图四四，2；图版四，2），宽大仰折沿，尖唇，斜弧腹，袋足外张，尖足根，分裆极低，内壁裆线不清晰。夹细砂灰陶。沿面有五道凹弦纹，通体饰粗绳纹。口径 18.8、腹径 19.6、高 14.6 厘米。

标本热 M59：1（图四四，4；图版四，3），器形扁矮。宽大仰折沿，方唇，斜弧

0 ————— 8厘米

图四四　陶鬲（一）

1、2、4. Aa型 I 式（兴弘 M55：4、兴弘 M120：1、热电 M59：1）　3. Aa型 II 式（兴弘 M127：1）　5. Aa型 III 式
（兴弘 M29：3）　6～8. Aa型 IV 式（兴弘 M9：2、兴弘 M37：3、兴弘 M92：1）　9～12. Aa型 V 式（兴弘 M62：
2、兴弘 M103：5、兴弘 M133：4、热电 M32：1）

腹，袋足外张，尖足根略内敛，内壁有裆线。夹细砂灰陶。沿面有三道凹弦纹，通体饰中粗绳纹。口径 15.4、腹径 14.2、高 9.7 厘米。

Ⅱ式 1件。窄仰折沿，三尖足外张。

标本 M127:1（图四四，3；图版四，4），卷沿较窄，尖唇，弧腹，袋足略内敛，尖足根，分裆极低，内壁裆线圆弧。夹粗砂灰陶。沿面一道饰凹弦纹，通体饰交错中绳纹，上腹部压两道凹弦纹。口径 18.6、腹径 19.2、高 14.4 厘米。

Ⅲ式 1件。平折沿，厚方唇，三尖足外张。

标本 M29:3（图四四，5；图版四，5），平折沿较厚，沿面略凹，方唇，弧腹略直，袋足略内敛，尖足根，分裆极低，内壁裆线圆弧。夹细砂灰陶。通体饰中绳纹略粗，接近口沿部位的绳纹被抹掉。口径 14.5、腹径 15.6、高 14.2 厘米。

Ⅳ式 5件。折沿略厚，方唇或圆唇，三尖足微敛。自此式开始，折沿的角度已无规律。

标本 M9:2（图四四，6；图版四，6），折沿下仰，尖唇，斜肩，弧腹近直，袋足，尖足根略敛，裆较低。夹细砂红陶。沿面内外侧各饰一道凹弦纹，通体饰较细绳纹，肩部绳纹被抹去，隐约可见，其上饰数周凹弦纹。口径 15.4、腹径 18.6、高 14 厘米。

标本 M37:3（图四四，7；图版五，1），平折沿略厚，圆唇，溜肩，弧腹，袋足，尖足根略敛，裆较低。夹细砂红陶。沿面外侧饰一道凹弦纹，通体饰较细绳纹，肩部绳纹被抹去，隐约可见，其上饰数周宽凹弦纹。上腹部绳纹有一道轻微抹痕，肩部贴一近"S"形泥条。鬲内有禽骨。口径 14.8、腹径 17.8、高 13.2 厘米。

标本 M92:1（图四四，8），器形扁矮。仰折沿，圆唇，器口不规则，高低不平，无肩，鼓腹，袋足，尖足根略敛，内壁裆线不清晰，裆与足根近平齐。夹细砂红陶。沿面弧鼓，内外侧各饰一道细浅凹弦纹；通体饰较细的绳纹，上腹近口一段绳纹抹去，仍隐隐可见。口径 16.5、腹径 18.2、高 12.8 厘米。

Ⅴ式 10件。折沿薄，多为尖唇，少量圆唇（M11:2，M96:1）或方唇（M53:1，M62:2，M60:3），三尖足微敛。其中三件（M8:4，M53:1，M62:2）器形特别扁矮。

标本 M62:2（图四四，9；图版五，2），器形不规则，器体扁矮。折沿下仰，薄方唇，唇面下凹，溜肩，腹部或弧或直，袋足，尖足根，足间距大，裆较低。夹细砂红陶。通体饰较细绳纹，肩部有两道瓦棱状宽凹带。口径 15.4、腹径 19.2、高 12.2 厘米。

标本 M103:5（图四四，10），折沿下仰，尖圆唇，唇面局部下凹，斜肩微内弧，斜腹，袋足，尖足根圆钝，足间距较大，但较前式略小，裆较低。夹细砂红陶，可见石英岩颗粒。沿面内外侧各饰一道凹弦纹，通体饰中绳纹，肩部绳纹被抹去，隐约可见，其上饰数周瓦棱状浅宽凹带，腹上部一道抹痕，将绳纹隔断。口径 17.6、腹径 21.2、高 16.8 厘米。

标本 M133:4（图四四，11；图版五，3），折沿微下仰，薄方唇，斜肩，斜腹，袋足，尖足根，足根从不同角度看，有尖状及圆钝之别，足间距略小，裆较高。夹细砂红陶，可见石英岩颗粒。沿面有三道凹槽，通体饰中绳纹，肩部绳纹被抹去，隐约可见，其上饰数周瓦棱状宽凹带，腹上部有一道抹痕，将绳纹隔断，肩部贴"L"形泥条两个。口径 16.8、腹径 21.4、高 16.2 厘米。

标本热 M32:1（图四四，12；图版五，4），折沿下仰，尖唇，溜肩，斜弧腹，袋足微鼓，尖足根，分裆极低。夹细砂红陶。沿面下凹，通体饰中绳纹，肩部绳纹抹去，隐约可见，有几道宽凹带。口径 15.3、腹径 18.2、高 13.8 厘米。

Ⅵ式　6件。沿、唇同前，三尖足内敛程度稍大。其中 M27:4、M145:4 两件为斜直腹。

标本 M27:4（图四五，4；图版五，5），折沿下仰，沿面下凹，尖唇，斜肩，斜腹，袋足，尖足根，足间距较小，裆略高。夹细砂红陶。通体饰中绳纹，肩部绳纹被抹去，隐约可见。鬲内有禽骨。口径 14、腹径 16.6、高 13.2 厘米。

标本 M45:1（图四五，5；图版五，6），折沿下仰，圆唇，斜肩，袋足，尖足根，三足内敛，间距小，裆较高。夹细砂红陶。沿面有三道凹槽，通体饰粗绳纹，痕迹较

0　　　　　　8厘米

图四五　陶鬲（二）

1~3、6. Aa 型Ⅶ式（兴弘 M30：4、兴弘 M143：5、兴弘 M151：1、热电 M27：6）

4、5. Aa 型Ⅵ式（兴弘 M27：4、兴弘 M45：1）

深，上腹部绳纹上压一道抹痕，肩部绳纹被抹去，隐约可见，其上饰数周瓦棱状宽凹带。鬲内有禽骨。口径16.4、腹径19.2、高15.8厘米。

Ⅶ式 9件。斜直腹。三足间距小。其中一件（M143:5）器形特别扁矮。

标本M30:4（图四五，1；图版六，1），平折沿略下仰，尖圆唇，广肩，斜腹，袋足，尖足根，足内敛较甚，间距小，裆较高。夹细砂红陶，可见石英岩颗粒。沿面饰两道凹弦纹，上腹部饰较细绳纹，下腹、足、底饰粗绳纹，上腹绳纹上压两道抹痕，肩部绳纹被抹去，隐约可见，其上饰数周瓦棱状宽凹带。口径18.4、腹径21.6、高16.2厘米。

标本M143:5（图四五，2；图版六，2），器形扁矮。平折沿上仰略厚，圆唇，广肩，斜腹，袋足，尖足根，足内敛较甚，足间距小，裆略高。夹细砂灰陶。沿面饰一道凹弦纹，通体施中绳纹，肩部绳纹被抹去，隐约可见，其上饰数周瓦棱状宽凹带。口径17.6、腹径18.6、高12.2厘米。

标本M151:1（图四五，3；图版六，3），平折沿，圆唇，唇部似二次贴塑，广肩，斜腹，袋足，尖足根，足内敛较甚，足间距小，裆较高。夹细砂红陶，可见石英岩颗粒。沿面饰两道凹弦纹，通体饰粗绳纹，肩部绳纹被抹去，其上饰数周瓦棱状宽凹带，腹上部绳纹上压一道抹痕。口径17.6、腹径21.4、高16厘米。

标本热M27:6（图四五，6），折沿上仰，尖唇，弧肩，斜腹，分裆较高，足间距变小。夹细砂红陶。肩部饰数周不规则宽凹带，腹上部饰粗竖绳纹，下部饰较细的交错绳纹。口径15.1、腹径18、高14.8厘米。

Ab型 8件。器形较高大，器高在16.5厘米以上，大部分在17厘米以上。分为四式。

Ⅰ式 1件。平折沿，方唇，三足外张。

标本M56:2（图四六，1；图版六，4），平折沿较薄，方唇，有短颈，弧腹，袋足外张，尖足根，裆较高。夹细砂灰陶，可见石英岩颗粒。沿面饰两道凹弦纹，通体饰细绳纹，颈部及上腹部绳纹抹去。口径19.2、腹径21、高16.6厘米。

Ⅱ式 2件。此式以下皆折沿下仰，尖唇，三足外张。

标本M129:4（图四六，2；图版六，5），下仰折沿，尖唇，有肩，弧腹，袋足略内敛，尖足根。夹细砂灰陶，可见石英岩颗粒。上腹部饰特粗绳纹，下腹、足、底饰粗绳纹，肩上部绳纹抹去。口径19.8、腹径24、高18.6厘米。

标本热M41:1（图四六，3；图版六，6），折沿下仰，尖唇，弧腹，分裆略高，尖足根外张。夹细砂红褐陶，局部呈灰褐色，有烟熏痕。沿面饰两道凹弦纹，腹部饰中粗绳纹，上部绳纹被抹去。口径21、腹径22.8、高17.8厘米。

Ⅲ式 3件。三足略内敛。

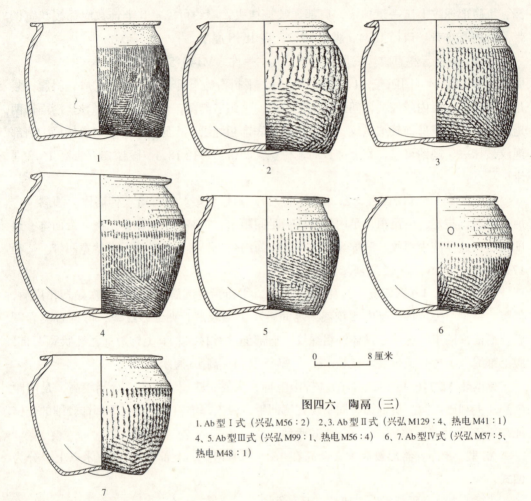

0 —————— 8 厘米

图四六　陶鬲（三）

1. Ab 型 I 式（兴弘 M56：2）　2、3. Ab 型 II 式（兴弘 M129：4、热电 M41：1）
4、5. Ab 型 III 式（兴弘 M99：1、热电 M56：4）　6、7. Ab 型 IV 式（兴弘 M57：5、
热电 M48：1）

　　标本 M99：1（图四六，4；图版七，1），折沿下仰，圆唇，唇面局部下凹，斜肩，斜腹，袋足，尖足根，足间距较大，裆较高。夹细砂红陶。沿面外侧饰一道凹弦纹，通体饰中绳纹，肩部绳纹被抹去，隐约可见，其上饰数周瓦棱状宽凹带，腹上部有两道抹痕，将绳纹隔断。口径 20.8、腹径 25.2、高 20.4 厘米。

　　标本热 M56：4（图四六，5），折沿下仰，方唇，斜肩，弧腹，尖足根微内敛，分裆略高。夹细砂红陶。沿面饰两道凹弦纹，腹部饰中绳纹，肩部绳纹被抹去，形成几道凹槽，肩部贴一不规则形泥饼。口径 18.3、腹径 21、高 17 厘米。

　　IV 式　2 件。三足内敛较甚。

　　标本 M57：5（图四六，6；图版七，2），平折沿上仰略厚，尖方唇，广肩，斜腹，袋足，尖足根，内敛较甚，足间距小，裆较高。夹细砂红陶，可见石英岩颗粒。沿面饰两道凹弦纹，通体饰粗绳纹，肩部绳纹被抹去，隐约可见，其上饰数周瓦棱状宽凹带。

口径 17.8、腹径 21.6、高 16.3 厘米。

标本热 M48:1（图四六，7；图版七，3），折沿微下仰，圆唇，斜肩，弧腹，足间距较小，裆略高。夹细砂红陶。肩部有数道凹槽，腹部饰粗绳纹。口径 18、腹径 21.2、高 16.8 厘米。

B 型　15 件。分裆大袋足。分为两亚型。

Ba 型　7 件。鼓腹，袋足肥大，无足根。分为三式。

Ⅰ式　1 件。平折沿较厚，方唇，袋足外张。饰粗绳纹。

标本 M1:4（图四七，1；图版七，4），平折沿较厚，方唇，沿面有下凹较深，使唇部上缘尖翘，弧腹，大袋足，无足根，内壁裆线清晰。夹细砂褐胎灰黑皮陶。通体饰粗绳纹略乱，腹上部有细绳纹与粗绳纹相交，近口沿处绳纹被抹去。口径 18.4、腹径 22、高 17.8 厘米。

Ⅱ式　5 件。平折沿或下仰，沿多变薄，方唇或圆唇，饰粗绳纹。

标本 M31:5（图四七，2；图版七，5），折沿下仰略薄，圆唇，沿面下凹较深，弧腹，大袋足，无足根，内壁裆线圆弧。夹细砂灰陶。通体饰粗绳纹，局部绳纹极细，近口沿处绳纹被抹去。鬲内有兽骨。口径 15.8、腹径 19、高 13.2 厘米。

标本 M140:2（图四七，3；图版七，6），平折沿略下仰，圆唇，沿面饰三道凹弦纹，弧腹，大袋足，无足根，内壁裆线清晰。夹细砂褐胎灰褐皮陶。通体饰粗绳纹，近口沿处绳纹被抹去。口径 16、腹径 18.8、高 14.4 厘米。

Ⅲ式　1 件。折沿下仰，尖圆唇，足内敛明显。饰中绳纹。

标本热 M24:4（图四七，4；图版八，1），器口不平。折沿下仰较薄，尖圆唇，沿面外侧饰一道凹弦纹，有颈，鼓腹，大袋足，无足根，内壁裆线清晰，足内敛明显。夹细砂灰褐陶，有烟熏痕。通体饰中绳纹，颈部绳纹抹去，隐约可见。口径 18.4、腹径 20.8、高 16.4 厘米。

Bb 型　8 件。弧腹，袋足略瘦，微显足根。分为三式。

Ⅰ式　2 件。平折沿，厚方唇，三足外张，足根微显，饰粗绳纹。

标本热 M25:5（图四七，5；图版八，2），器口不规则，高低不平。平折沿较厚，方唇，沿面下凹，唇上缘尖翘，弧腹，大袋足略瘦，足根微显，内壁裆线清晰。夹细砂灰陶。通体饰特粗绳纹，略乱，近口沿处绳纹被抹去，隐约可见。口径 14、腹径 15.2、高 12.3 厘米。

Ⅱ式　2 件。折沿下仰，方唇或圆唇，三足微收，微显尖足根，饰粗绳纹。

标本 M52:5（图四七，6；图版八，3），折沿下仰，圆唇，沿面下凹较深，有颈，弧腹，大袋足略瘦，尖足根略显，内壁裆线圆弧。夹细砂灰陶。通体饰粗绳纹，颈部绳纹被抹去。口径 18.4、腹径 22.4、高 17.4 厘米。

标本 M63:1（图四七，7；图版八，4），折沿下仰，方唇，沿面有两道凹弦纹，弧腹，大袋足略瘦，尖足根略显，内壁裆线圆弧。夹细砂灰陶。通体饰粗绳纹，近口沿处原饰有细绳纹，被抹去，若隐若现。口径 16.8、腹径 19.4、高 15 厘米。

Ⅲ式　4件。折沿下仰变薄，尖唇，三足内收明显，尖足根明显，饰中绳纹。

标本 M41:4（图四七，8；图版八，5），折沿下仰，较薄，尖唇，沿面饰二道凹弦纹，有肩，弧腹，袋足较小，尖足根较显，内壁裆线清晰。夹细砂灰陶。通体饰中绳

图四七　陶鬲（四）

1. Ba 型Ⅰ式（兴弘 M1:4）　2、3. Ba 型Ⅱ式（兴弘 M31:5、兴弘 M140:2）　4. Ba 型Ⅲ式（热电 M24:4）
5. Bb 型Ⅰ式（热电 M25:5）　6、7. Bb 型Ⅱ式（兴弘 M52:5、兴弘 M63:1）　8、9. Bb 型Ⅲ式（兴弘 M41:4、兴弘 M51:2）

纹，肩部绳纹抹去，若隐若现。口径 16.6、腹径 18.2、高 14.4 厘米。

标本 M51∶2（图四七，9；图版八，6），折沿下仰，较薄，尖唇，沿面饰一道凹弦纹，有肩，弧腹，袋足较小，尖足根较显，内壁裆线圆弧。夹细砂灰陶。通体饰中绳纹，肩部绳纹抹去，若隐若现，并压有六道凹弦纹。鬲内有兽骨。口径 16.9、腹径 19.8、高 14.9 厘米。

C 型　1 件。分裆锥足。

标本热 M35∶1（图四八，1；图版九，1），宽仰折沿，较薄，圆唇，沿面下凹，弧腹，分裆较高，袋足，截锥状足根。夹细砂灰陶。器身饰中绳纹，上腹部有两道凹弦纹压在绳纹之上。口径 15、腹径 13.5、高 11.5 厘米。

D 型　2 件。分裆乳状足。

标本 M113∶1（图四八，4；图版九，5），折沿上仰，较厚，斜方唇，有肩，弧腹，袋足较圆鼓，小乳状足根，足外张。夹细砂红陶。通体饰中绳纹，肩部绳纹抹去。口径 17.2、腹径 19.8、高 16.2 厘米。

标本热 M15∶3（图四八，5；图版九，4），平折沿，方唇，有颈，斜肩，腹壁较直，分裆较高，乳状足根。夹粗砂灰陶。沿面饰两道细凹弦纹，器身饰中粗绳纹，颈肩部绳纹抹去，隐约可见。口径 17.6、腹径 20.2、高 17 厘米。

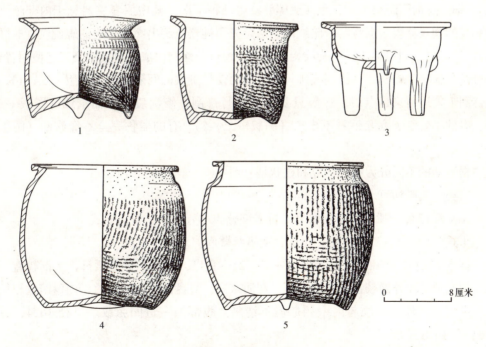

0　　　　　　8 厘米

图四八　陶鬲（五）

1. C 型（热电 M35∶1）　2. E 型（兴弘 M18∶5）　3. 异型鬲（热电 M51∶5）　4、5. D 型（兴弘 M113∶1、热电 M15∶3）

E 型　1 件。联裆小袋足，小柱足根。

标本 M18：5（图四八，2；图版九，2），卷沿上仰，方唇，无颈，直腹，联裆外鼓，乳状足。夹粗砂灰陶。器身饰交错细绳纹。口径 15、腹径 12.8、高 12.4 厘米。

异型鬲　1 件。盆形器身，柱状足，腹部有扉棱。

标本热 M51：5（图四八，3；图版九，3），仰折沿，方唇，浅盆形腹，条柱状足。三足之间的腹部各有一圆饼形扉棱。泥质灰陶。口径 15.4、腹径 13、高 10.6 厘米。

2. 豆

共出土 135 件，其中 2 件（热 M23：7，热 M37：5）残损较甚，未列入下面的分析中。陶质均为泥质，但绝大部分都稀疏夹有砂粒。多数器表经打磨，从而形成与胎体色泽不同的陶衣。陶色比较复杂，胎色有浅灰、深灰、灰黑、红褐等，器表色泽有浅灰、深灰、灰黄、灰褐浅褐、灰黑、黑褐等。有刻划符号者 40 件（参见附表三、四）。绝大部分豆盘内外壁均饰螺旋状暗纹。内壁暗纹分较粗而间距较大（图版一〇，1、2）、较粗而有一定间距（图版一〇，3）、较细而有一定间距（图版一〇，4、5、6）、较粗而密（图版一一，1、2、3）、较细而密（图版一一，4、5）、细而相连（图版一一，6）等不同情形。在饰较粗暗纹的情况下，往往呈现盘心处暗纹粗而密，外围暗纹较细而疏的情形（图版一〇，1）。外壁暗纹分较粗而有一定间距（较内壁的第一种情况间距一般要大）、细、少而间距很大，三至四道螺旋纹等几种情况，其中后者主要见于内壁暗纹细而相连的陶豆器表。据观察，暗纹的制法是先用钝器压旋出圈圈相连的螺旋纹（非同心圆），然后再用刮刀类器具对旋纹相接处的凸棱进行修刮而成。早期修刮工艺使用普遍，内外壁一般都经修刮，且修刮痕迹较宽，从而使螺旋纹的间隔较大（图版一二，1），晚期修刮工艺运用只是点缀，一般只在局部进行修刮，修刮痕迹少而窄细（图版一二，3），有的不仔细观察几乎看不出来（图版一二，5），有的器物完全不经修刮（图版一一，6）。

据豆柄的不同分为喇叭柄豆和柱状柄豆两类。

甲类　喇叭柄豆

A 型　15 件。弧壁，有的略呈弧折，部分腹部有凸棱。分为五式。

Ⅰ式　1 件。直口，方唇，短柄，喇叭状矮座。

标本 M18：1（图四九，1；图版一二，2），直口，方唇，盘壁弧折，上部较直，短柄，喇叭状矮座外撇较甚，座底内凹。泥质灰陶。豆盘内外壁饰暗纹，内壁暗纹较粗而有一定间距，外壁暗纹与内壁相似但不清晰。腹部饰一道凹弦纹。口径 16.4、底径 9.8、高 10.8 厘米。

Ⅱ式　2 件。口微敞，方唇，矮柄，喇叭座。

标本 M74：1（图四九，2；图版一二，4），口微敞，斜方唇，弧壁，矮柄，喇叭

0　　　　　　8厘米

图四九　陶豆甲类（一）
1. A型Ⅰ式（兴弘M18：1）　2. A型Ⅱ式（兴弘M74：1）　3. A型Ⅲ式（热电M25：1）　4、5. A型Ⅳ式
（兴弘M39：2、兴弘M1：2）　6、7. A型Ⅴ式（兴弘M103：2、兴弘M112：1）

座，座底内凹。泥质灰陶。内壁暗纹较细而有一定间距，外壁暗纹不明显。腹部饰一道凹弦纹。口径17、底径11、高12.4厘米。

　　Ⅲ式　2件。器形变大，柄变高，方唇。

　　标本热M25：1（图四九，3；图版一二，6），微敞口，方唇，弧壁微折，盘上部较直，柄较高，喇叭座，座底内凹。泥质灰陶。内外壁饰暗纹，粗而间距较大。口径19.8、底径12.5、高16.3厘米。

　　Ⅳ式　6件。口部外撇，圆唇，柄较为细高。

　　标本M1：2（图四九，5；图版一三，1），口部外撇，圆唇，弧壁，细柄较高，喇叭座，座底内凹。泥质红褐胎浅褐皮陶（局部红褐色）。内外壁饰暗纹，较细而有一定间距。口径17.2、底径4.8、高15厘米。

标本M39:2（图四九，4），口部外撇，圆唇，弧壁，细柄较高，喇叭座，座底内凹。泥质红褐胎灰黑皮陶（局部红褐色）。内壁暗纹较细乱而有一定间距，外壁暗纹亦细乱，间距较内壁大。口径19.4、底径11、高17.4厘米。

Ⅴ式　4件。口微敞，尖圆唇。

标本M103:2（图四九，6），敞口，尖圆唇，弧壁，柄较细高，喇叭座，座底有两道凹槽。泥质灰陶。内壁暗纹较细，盘心部位细密，外侧间距比较大，外壁暗纹较细，少而间距大。腹部饰一道凸棱。口径18.2、底径10.4、高15厘米。

标本M112:1（图四九，7；图版一三，2），敞口，尖圆唇，弧壁圆鼓，柄较细高，喇叭座，座底内凹。泥质灰陶。内壁暗纹细而圈圈紧连，外壁较粗而间距大。腹部饰一道凹弦纹，不明显。口径17.8、底径10.8、高15.4厘米。

B型　113件。折壁。分二亚型。

Ba型　104件。腹部折棱凸出似肩，凸棱上部多数有凹弦纹或宽凹槽。分为八式。

Ⅰ式　1件。敞口，方唇，短柄，喇叭状矮座，座底内凹。

标本M18:2（图五〇，1；图版一三，3），方唇，微敞口，折腹，折腹处凸起似肩，短柄，喇叭状矮座，座底内凹。泥质灰陶。内壁暗纹盘心处较粗，外围较细，有一定间距，外壁亦饰暗纹，但模糊不清。口径16、底径9.6、高10.2厘米。

Ⅱ式　8件。直口或微敞口。方唇，短柄中部有箍，喇叭座。2件（M104:1，M127:3）折腹处上部有凹弦纹。

标本M4:1（图五〇，2；图版一三，4），直口，方唇，唇外侧凸起，折腹处凸起似肩，折腹上部内弧，短柄中部有箍，喇叭座，座底内凹。泥质浅灰胎深灰皮陶。内壁暗纹较粗而有一定间距，外壁暗纹略细，数量少于内壁，间距较内壁大。口径14.6、底径10.8、高11.4厘米。

标本M25:6（图五〇，3；图版一三，5），直口，从外壁看，口微敛，方唇，唇外侧凸起，折腹凸出似肩，折腹上部内弧，短柄中部有箍，喇叭座，座底内凹。泥质红褐胎黄灰皮陶（局部铁锈红色）。内壁暗纹细而略乱，外壁无暗纹。口径15.5、底径11、高11.6厘米。

标本M127:3（图五〇，5），敞口，方唇，折腹凸出似肩，折腹处上部有一道不明显的凹弦纹，短柄中部有箍，喇叭座，座底内凹。泥质灰陶。内外壁有暗纹但不清晰。口径17.4、底径11.4、高13.2厘米。

Ⅲ式　7件。方唇，敞口，口部多外撇，使上腹部的外壁呈弧形内凹，喇叭状柄变高，箍消失。其中4件（热M31:1、2，热M53:1、2）折腹处上部有凹弦纹。

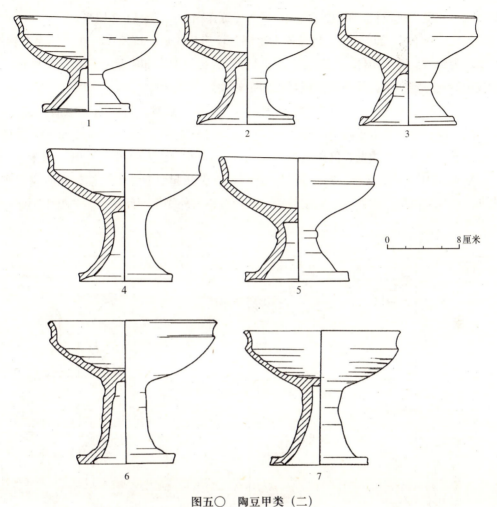

图五〇　陶豆甲类（二）

1. Ba 型 I 式（兴弘 M18：2）　2、3、5. Ba 型 II 式（兴弘 M4：1、兴弘 M25：6、兴弘 M127：3）
4、6、7. Ba 型 III 式（兴弘 M38：2、热电 M31：2、热电 M42：1）

标本 M38：2（图五〇，4），方圆唇，敞口，折腹凸出似肩，折腹上部的外壁呈弧形内凹，柄较高，喇叭座，座底内凹。泥质灰陶。无暗纹。口径 17、底径 10、高 14 厘米。

标本热 M31：2（图五〇，6），方唇，敞口，口部外撇，折腹凸出似肩，上腹部呈弧形内凹，喇叭状柄较高，喇叭座。泥质灰陶。折腹处上部有细凹弦纹，内壁有螺旋凹槽，应是暗纹但不显，外壁暗纹细而少，间距大。口径 18.4、底径 10.6、高 15.2 厘米。

标本热 M42：1（图五〇，7），方唇，敞口，口部外撇，折腹凸出似肩，上腹部呈弧形内凹，喇叭状柄较高，喇叭座底内凹。泥质灰陶。内壁暗纹盘心处较粗而密，外侧细而疏，外壁暗纹较粗，间距较大。口径 17、底径 10.6、高 14.2 厘米。

Ⅳ式　16 件。器形较大。折腹的上半部分较前几式长，口外侈。除 2 件为方唇外，其余均为圆唇。其中两件（M38:3，M123:1）折腹的下半部略呈弓形弧凸。内壁暗纹多较粗而具一定间距，外壁暗纹较粗而间距较大。

标本 M9:3（图五一，1；图版一三，6），侈口，圆唇，折腹凸起似肩，细高柄，喇叭座。泥质红褐胎褐皮陶，局部灰、红褐色。器内壁暗纹较粗而有一定间距，外壁暗纹亦较粗，数量少于内壁，间距较内壁大。口径 18.6、底径 10.6、高 16.4 厘米。

标本 M31:2（图五一，2），侈口，圆唇，折腹凸起似肩，细高柄，喇叭座，座底内凹。泥质灰黑陶。内壁盘心暗纹较粗而间距较小，外侧细而间距大，外壁下部暗纹较

0 _____ 8 厘米

图五一　陶豆甲类（三）

1~4.Ba 型Ⅳ式（兴弘 M9:3、兴弘 M31:2、兴弘 M38:3、兴弘 M105:1）
5~8.Ba 型Ⅴ式（兴弘 M11:3、兴弘 M29:2、兴弘 M51:3、兴弘 M96:3）

粗而密，上部细而间距大。口径 19.1、底径 11、高 16.4 厘米。

标本 M38∶3（图五一，3），侈口，圆唇，折腹凸起似肩，折腹的下半部略呈弓形弧凸，柄稍粗矮，喇叭座，座底内凹。泥质灰陶，无暗纹。口径 18.8、底径 10.8、高 16.2 厘米。

标本 M105∶1（图五一，4），侈口，方唇，折腹凸起程度较低，上腹部较直，柄稍矮，喇叭座，座底内凹。泥质灰陶，器内壁暗纹较粗而有一定间距，外壁暗纹不清晰。口径 18、底径 10.6、高 15.4 厘米。

Ⅴ式　18 件。敞口，上腹部外壁略呈弧鼓状，折腹凸起似肩，肩上大多有一道凹弦纹（M29∶2，M53∶3、4，M63∶2，M129∶2、3 等 6 件无）。除 M11 内出土两件为方唇外，余者均为圆唇。其中 M29∶2，M133∶1、2 等 3 件折腹的下半部略呈弓形弧凸。盘内壁暗纹少数较粗而间距较大，多数略粗而有一定间距；外壁暗纹略细而间距较大。

标本 M11∶3（图五一，5；图版一四，1），敞口，方唇，折腹凸起似肩，上腹部外壁外鼓，柄较矮，喇叭座，座底内凹。泥质灰陶。器内壁暗纹较细而有一定间距，局部密集，外壁暗纹下部较粗而密，上部细而间距大，肩部饰一道细凹弦纹。口径 19.6、底径 11.6、高 14.4 厘米。

标本 M29∶2（图五一，6），敞口，圆唇，折腹凸起，上腹部外壁呈"S"形，下腹部呈弓形弧凸状，柄较矮，喇叭座，座底内凹。泥质红褐胎灰黑皮陶。内壁暗纹细浅而乱，外壁暗纹细密规整。口径 18、底径 11.2、高 15.8 厘米。

标本 M51∶3（图五一，7），敞口，圆唇，折腹凸起，上腹部外壁外鼓，细高柄，喇叭座，座底内凹。泥质浅灰胎浅褐皮陶。内壁暗纹较细，盘心处较密，外侧有一定间距。外壁暗纹较细而间距较大，肩部饰一道细凹弦纹。口径 19.2、底径 10.6、高 17.6 厘米。

标本 M96∶3（图五一，8；图版一四，2），敞口，圆唇，折腹凸起似肩，上腹部外壁外鼓，细高柄，喇叭座，座底内凹。泥质浅灰胎灰黑皮陶，器内壁暗纹略粗而间距小，外壁暗纹较细而间距较大，肩部饰一道细凹弦纹，不显。口径 18.6、底径 11.6、高 17.6 厘米。

Ⅵ式　22 件。尖圆唇，唇外缘弧鼓，渐弧收至折壁处再凸起，使整个豆盘上部外壁略呈"S"形，上半部外鼓，下半部内收成宽凹槽，盘壁弧折，喇叭状柄多数较Ⅴ式变矮，座底少数内凹（M60∶5，M62∶5，M99∶4）。其中 M2∶1、2，M8∶1、2，M62∶4、5，M125∶4，M126∶1，热 M24∶3，热 M32∶2，热 M48∶4、5，热 M56∶3 等 13 件折腹的下半部略呈弓形弧凸。半数器物的内壁盘心有刻划符号。内壁暗纹多略粗而有一定间距，外壁暗纹细而间距大。其中 M28∶2、3，热 M48∶4、5，热 M56∶3 等 5 件豆的内壁暗纹细而圈圈相连，外壁暗纹一般为三至四道较细的螺旋纹，特征与Ⅵ式相同。

标本 M2:2（图五二，1；图版一五，3），敞口，尖圆唇，唇外缘弧鼓，渐弧收至折壁处再凸起，使整个上腹部外壁略呈"S"形，上半部外鼓，下半部内收成宽凹槽，盘壁弧折，下腹部呈弓形弧凸，喇叭状柄略矮。泥质红褐胎深灰皮陶。内外壁暗纹细密而略乱。口径 19、底径 10.4、高 15.7 厘米。

标本 M28:3（图五二，2；图版一四，3），敞口，尖圆唇，唇外缘弧鼓，渐弧收至折壁处再凸起，使整个盘上部外壁略呈"S"形，上半部外鼓，下半部内收成宽凹槽，盘壁弧折，喇叭状柄较高。泥质红褐胎灰黑皮陶，有刻划符号。内壁暗纹细而圈圈紧连，外壁暗纹略粗而间距较大。口径 19.1、底径 10.4、高 16.4 厘米。

标本 M62:5（图五二，3），敞口，尖圆唇，唇外缘弧鼓，渐弧收至折壁处再凸起，使整个上腹部外壁略呈"S"形，上半部外鼓，下半部内收成宽凹槽，盘壁弧折，下腹部呈弓形弧凸，细喇叭状柄较高，座底内凹。泥质红褐胎灰褐皮陶（局部为红褐色）。内壁暗纹略粗而密，外壁暗纹细而有一定间距。口径 18、底径 11.6、高 15.6 厘米。

Ⅶ式　30 件。器形与Ⅵ式相近，但器形略变小，盘变浅（其中 M71:2，热 M14:4

图五二　陶豆甲类（四）

1～3. Ba 型Ⅵ式（兴弘 M2:2、兴弘 M28:3、兴弘 M62:5）

盘内底近平），盘壁弧折，上腹部较Ⅵ式略显短，座底基本不内凹（M3∶1，M71∶2、3，M113∶2、3座底微凹）。其中M3∶1，M27∶1、2，M45∶2、3，M54∶2、4，M57∶1、4，M71∶2、3，M143∶1、3，M152∶3、4，热M5∶4、5，热M14∶3、4，热M27∶4、8，热M37∶1，热M38∶1、2，热M56∶2等25件下腹部略呈弓形弧凸。内壁盘心皆有各种刻划符号。泥质灰陶，器表不再有各色陶衣。内壁暗纹细而圈圈相连，外壁暗纹一般为三至四道较细的螺旋纹，少量圈数略多。

标本M27∶1（图五三，1；图版一四，4），器形较小，盘较浅，盘壁弧折，上腹部略短。敞口，尖圆唇，唇外缘弧鼓，渐弧收至折壁处再凸起，使整个盘上部外壁略呈“S”形，上半部外鼓，下半部内收成宽凹槽，下腹部呈弓形弧凸，喇叭状柄较高。泥质深灰陶，有刻划符号。内壁暗纹细而圈圈紧连，外壁饰数道细螺旋暗纹。口径17.7、底径10.6、高16.5厘米。

标本M54∶2（图五三，2；图版一五，1），器形较小，盘较浅，盘壁弧折，上腹部略短。敞口，尖圆唇，唇外缘弧鼓，渐弧收至折壁处再凸起，使整个盘上部外壁略呈“S”形，上半部外鼓，下半部内收成宽凹槽，下腹部呈弓形弧凸，喇叭状柄较矮。泥质深灰陶，有刻划符号。内壁暗纹细而圈圈紧连，外壁饰三道细暗螺旋纹。口径16.4、底径9.4、高14厘米。

标本M143∶1（图五三，3），器形较小，盘较浅，盘壁弧折，上腹部略短。敞口，尖圆唇，唇外缘弧鼓，渐弧收至折壁处再凸起，使整个盘上部外壁略呈“S”形，上半部外鼓，下半部内收成宽凹槽，下腹部呈弓形弧凸，喇叭状矮柄。泥质深灰陶，有刻划符号。内壁暗纹细而圈圈紧连，外壁有四道细暗螺旋纹。口径16.6、底径10、高13厘米。

标本热M27∶4（图五三，4），器形较小，盘较浅，盘壁弧折，上腹部略短。敞口，圆唇，唇外缘弧鼓，渐弧收至折壁处再凸起，使整个盘上部外壁略呈“S”形，上半部外鼓，下半部内收成宽凹槽，下腹部呈弓形弧凸，喇叭状柄较矮。泥质灰陶，盘心有刻划符号。内壁暗纹细密圈圈相连，外壁只有四周螺旋，细而疏。口径16.2、底径9.8、高14.1厘米。

Ⅷ式　2件。豆盘形态及纹饰特征与Ⅶ式相同，豆柄呈近直柄状。

标本M30∶1（图五三，5；图版一五，2），器形较小，盘近浅平，盘壁弧折。敞口，尖圆唇，唇外缘弧鼓，渐弧收至折壁处再凸起，使整个盘上部外壁略呈“S”形，上半部外鼓，下半部内收成宽凹槽，下腹部呈弓形弧凸，近直柄略粗矮。泥质灰陶，有刻划符号。内壁暗纹细而圈圈紧连，外壁有四道细暗螺旋纹。口径15.6、底径9、高14厘米。

Bb型　9件。折壁，腹部无凸棱或凸棱不明显。分为四式。

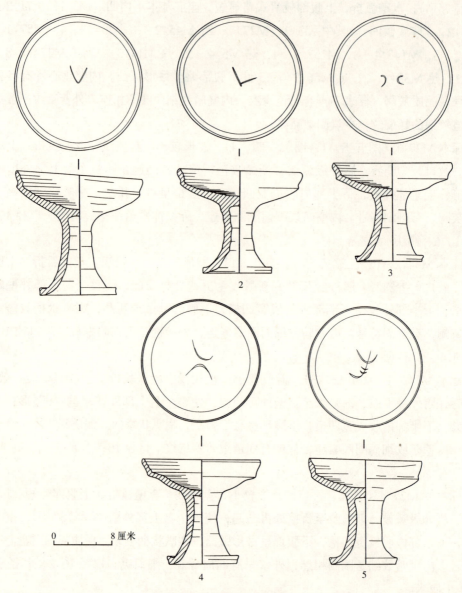

图五三　陶豆甲类（五）

1～4. Ba 型Ⅶ式（兴弘 M27：1、兴弘 M54：2、兴弘 M143：1、热电 M27：4）　5. Ba 型Ⅷ式（兴弘 M30：1）

Ⅰ式　1件。直口，矮柄，大喇叭座。

标本 M25：4（图五四，1；图版一五，4），直口，方唇，折盘，矮柄束腰，大喇叭座。泥质灰胎黄灰皮陶。内壁暗纹不明显，外壁暗纹隐约可见，外壁折盘上部有凹弦纹两道。口径 14.2、底径 9.2、高 9.2 厘米。

Ⅱ式　2件。柄上有箍。

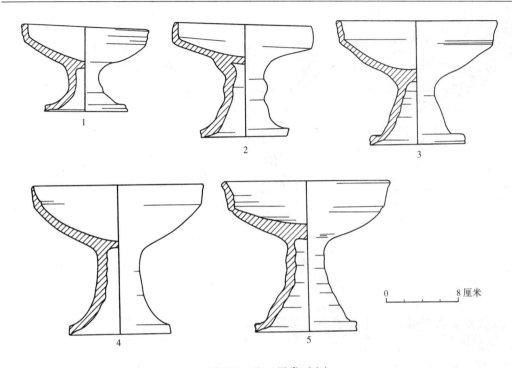

图五四　陶豆甲类（六）

1. Bb 型 I 式（兴弘 25：4）　2. Bb 型 II 式（热电 M23：6）　3. Bb 型 III 式（热电 M51：3）
4、5. Bb 型 IV 式（兴弘 M42：6、兴弘 M52：7）

标本热 M23：6（图五四，2；图版一六，1），口微敛，方唇，折盘，柄略高，喇叭座变小。柄上有箍。泥质灰陶。口径 15、底径 9.4、高 12.2 厘米。

III式　2件。微敞口。

标本热 M51：3（图五四，3；图版一六，5），微敞口，方唇，折盘，柄略高。泥质红褐胎灰黑皮陶。口径 17.8、底径 10.5、高 13.2 厘米。

IV式　4件。敞口，有的口部外撇，高柄。

标本 M42：6（图五四，4；图版一六，3），敞口，尖唇，折盘，高柄。泥质灰陶。内壁暗纹细而密，外壁暗纹较粗，间距较大。口径 18.7、底径 11、高 15.8 厘米。

标本 M52：7（图五四，5），敞口，口部外撇，圆唇，折盘，高柄。泥质灰陶。内壁暗纹较粗而有一定间距，外壁暗纹较粗而间距大。口径 18.4、底径 11.2、高 15 厘米。

乙类　直柄豆

5件。柱状豆柄。分二型。

A型　4件。深腹折盘。

标本 M46：5（图五五，1；图版一六，4），敞口尖唇，深腹，折盘，柱状柄较矮，

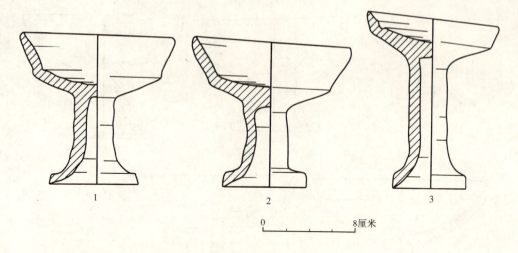

图五五　陶豆乙类

1、2. A 型（兴弘 M46：5、兴弘 M46：3）　3. B 型（兴弘 M46：9）

底座较小。胎壁较厚，柱孔较小。泥质深灰陶，无暗纹。口径 13.6、底径 4.8、高
12.8 厘米。

标本 M46:3（图五五，2），泥质灰陶，内壁折盘上部有暗纹，暗纹较粗而有一定
间距，外壁无暗纹。口径 12.9、底径 7.2、高 12.6 厘米。

B 型　1 件。浅腹折盘。

标本 M46:9（图五五，3；图版一六，2），敞口尖唇，浅腹，折盘，柱状足较高，
底座小。泥质浅灰胎深灰皮陶，胎壁较厚。内底有细同心圆弦纹。口径 11.6、底径
6.4、高 14.8 厘米。

3. 盂

陶盂共 73 件（其中热 M37 及热 M46 所出二件残）。绝大多数为泥质灰陶，少量为
泥质褐胎或红褐胎、黑皮或灰皮陶。器表绝大部分经打磨，多数器表有光泽，有的上腹
部有光泽，下腹部无。少数器表有与陶豆相同的刮削形成的暗纹（M2:3、5，M3:4，
M46:1、2、6、10）（图版一九，4；图版二〇，5）。

器形完整的 71 件陶盂，据腹部特征可分为两型。

A 型　62 件。折腹。

Aa 型　39 件。腹部锐折，折棱规整凸出，系有意而为。分为五式。

Ⅰ式　1 件。宽仰折沿较薄，圆唇，上腹部呈“S”形结构。折腹上部饰两道宽凹
弦纹。

标本热 M51:1（图五六，1；图版一七，5），宽仰折沿较薄，圆唇，近口沿处下凹
形成似颈的结构，近折腹处弧鼓，使整个上腹部的外壁形如“S”状，下腹内弧，平底

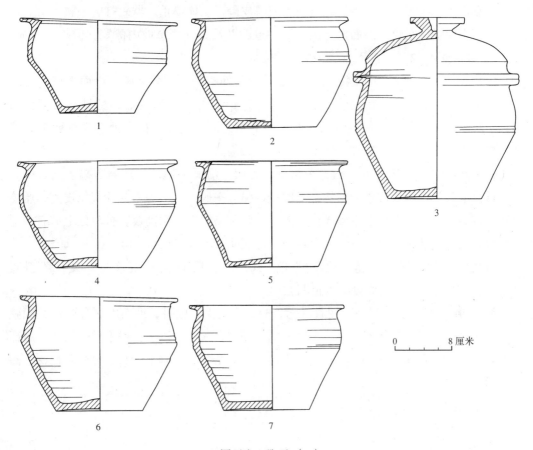

图五六　陶盂（一）

1. Aa 型 I 式（热电 M51∶1）　2～5. Aa 型 II 式（兴弘 M38∶1、兴弘 M123∶4、兴弘 M140∶1、热电 M25∶3）
6、7. Aa 型 III 式（兴弘 M31∶4、兴弘 M52∶6）

内凹。泥质灰陶，胎体厚重。器表打磨，肩以上平整光滑有光泽，腹部粗糙，有刮削痕。折肩处上部饰两道凹弦纹，沿面内外侧各饰一道凹弦纹。口径 21.4、腹径 19、底径 10.2、高 12.5 厘米。

II 式　7件。折沿较厚，或仰或平。上腹壁多呈“S”形结构，有的略弧起（M38∶1）或斜直（热 25∶3），下腹一般斜直（热 M25∶3 微内弧）。折腹上部饰两道凹弦纹。

标本 M38∶1（图五六，2），平折沿，方唇，唇面微凹，沿面内外侧各饰一道凹弦纹，不明显。上腹微弧，下腹斜直，平底。泥质灰陶，稀疏夹有砂粒。上腹部以上打磨光滑，下腹部粗糙有刮削痕。折腹处上部有两道凹弦纹，沿面内外侧各饰一道凹弦纹。口径 21.4、腹径 21.6、底径 11.8、高 14.4 厘米。

标本 M123∶4（图五六，3；图版一七，1），仰折沿，圆唇，沿面有四道宽浅的凹弦纹，不清晰。上腹部略弧起，近口沿处下凹形成似颈的结构，下腹斜直，平底内凹。

有盖，宽折沿，有玉璧形握手。泥质灰胎灰黑皮陶，胎体厚重。器表打磨平整光滑。折肩处上部有两道凹弦纹，沿面内外侧各饰一道凹弦纹，外侧窄而内侧宽，但均不明显。口径22.8、腹径22.7、底径12.8、高24厘米。

标本M140:1（图五六，4；图版一七，2），仰折沿，方唇近圆，沿面下凹，内侧凸起。上腹壁形如"S"状，近折腹处弧鼓，近口沿处下凹形成似颈的结构，下腹斜直，平底内凹。泥质褐胎灰皮陶，器表打磨平整光滑有光泽。折肩处上部饰两道凹弦纹。口径21.8、腹径21.2、底径11.6、高14.2厘米。

标本热M25:3（图五六，5），平折沿，方唇，沿面下凹，内外侧凸起。上腹壁斜直，近口沿处下凹形成似颈的结构，下腹微内弧，平底内凹。泥质灰胎灰黑皮陶，胎体厚重。器表经打磨，肩以上平整光滑有光泽，腹部略粗糙有刮削痕。折肩处上部有两道凹弦纹，沿面内侧饰一道凹弦纹。口径20.8、腹径20.2、底径12.4、高14厘米。

Ⅲ式　3件。折沿略薄，或平或仰，圆唇。上腹斜直或微弧，下腹一般斜直（M52:6下腹微内弧）。折腹处有两道凹弦纹。

标本M31:4（图五六，6；图版一七，3），平折沿，圆唇，沿面内侧有两道细凹弦纹。上腹微有起伏，下腹近斜直，平底内凹。泥质灰陶。肩以上打磨平整有光泽，腹部粗糙有刮削痕。折肩处上部饰两道浅凹弦纹。口径21.6、腹径21.4、底径11.8、高15.2厘米。

标本M52:6（图五六，7），平折沿，圆唇，沿面下凹，内侧有一道浅凹弦纹。上腹壁形如"S"状，近折腹处弧鼓，近口沿处下凹形成似颈的结构，下腹内弧，平底内凹。泥质灰陶。肩以上打磨光滑略有光泽，腹部刮削痕明显。折肩处上部有两至三道凹弦纹，沿面下凹。口径21.4、腹径20.6、底径11.8、高13.8厘米。

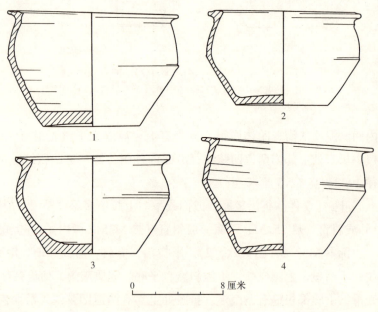

图五七　陶盂（二）

1~4. Aa型Ⅳ式（兴弘M51:4、兴弘M103:1、兴弘M148:3、热电M24:5）

Ⅳ式　12 件。折腹上部饰一道较宽而深的凹弦纹。多平折沿，2 件仰折（M41:5，M148:3），一般为圆唇或方唇近圆 M125:2 为方唇。一般上下腹近斜直。4 件（M41:5，M53:2，M92:2，M103:1）有类似短颈的结构。

标本 M51:4，（图五七，1；图版一七，4）平折沿，斜方唇，沿面饰三道凹弦纹，上腹微弧，下腹斜直，平底内凹。泥质深灰胎灰黑皮陶。通体打磨，肩以上平整有光泽，腹部局部粗糙，有刮削痕。折肩处上部饰一道凹弦纹，沿面饰三道凹弦纹，其中中间一道不清晰。口径 19、腹径 19、底径 10.6、高 12.4 厘米。

标本 M103:1（图五八，2；图版一八，1），平折沿，圆唇，沿面中部弧起。上腹壁形如 "S"，状近折腹处弧鼓，近口沿处下凹形成似颈的结构，下腹斜直，平底内凹。泥质灰陶，局部灰、褐相杂。器表打磨平整，略有光泽。折腹处上部饰一道宽凹带，沿面内外侧各饰一道凹弦纹。口径 17、腹径 16.8、底径 10.2、高 10.2 厘米。

标本 M148:3（图五八，3），仰折沿，方唇近圆。上下腹斜直，平底。折腹处上部有一道凹弦纹，沿面内外侧各饰一道凹弦纹。泥质灰陶。器表经打磨，上腹部以上平整光滑有光泽，下腹部粗糙。口径 17.4、腹径 17.2、底径 10.2、高 10.4 厘米。

标本热 M24:5（图五八，4），平折沿，圆唇，上腹微弧，下腹斜直，平底内凹。

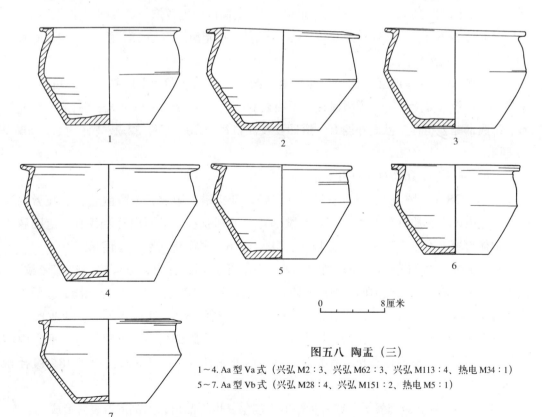

0　　　　　　　8厘米

图五八　陶盂（三）

1～4. Aa 型 Va 式（兴弘 M2:3、兴弘 M62:3、兴弘 M113:4、热电 M34:1）

5～7. Aa 型 Vb 式（兴弘 M28:4、兴弘 M151:2、热电 M5:1）

折肩处上部一道凹弦纹，沿面饰数道细凹弦纹。泥质灰陶。器表经打磨，折腹以上平整光滑，腹部粗糙有刮削痕。口径 19、腹径 18、底径 9.4、高 12.4 厘米。

Ⅴ式　16件。分二亚式。

Ⅴa式　8件。折腹处上部饰一道极细或极浅的凹弦纹。多平折沿，M62:3，M71:4下仰，M113:4，热 M34:1 上仰。方唇或圆唇（M2:3，M27:3，M71:4，热 M34:1）。上下腹一般斜直，M2:2，M27:3，M113:4 上腹弧鼓，热 M34:1 下腹内弧。

标本 M2:3（图五八，1），平折沿，圆唇，上腹弧，下腹斜直，平底。折腹处上部饰一道浅而略宽凹弦纹，沿面内外侧各饰一道凹弦纹。泥质红褐胎黑皮陶，器表通体打磨。肩部有较密集的细弦纹，腹部有刮削形成的暗粗带纹。口径 18.1、腹径 18.2、底径 10.8、高 11.8 厘米。

标本 M62:3（图五八，2；图版一八，2），折沿下仰，方唇，沿面中部微鼓，折腹上部凹弦纹极细。上下腹斜直，平底。泥质褐胎灰胎，夹砂粒。器表打磨平整光滑，但下腹部略显粗糙。折腹处上部饰一道极细凹弦纹。口径 19.2、腹径 18.8、底径 9.6、高 12.4 厘米。

标本 M113:4（图五八，3；图版一八，3），平折沿略仰，方唇，上腹微弧，下腹斜直，平底内凹。折腹上部有一道极细凹弦纹。沿面内外侧各饰一道浅细凹弦纹，内侧较明显而外侧不显。泥质褐胎灰皮陶，器表打磨平整光滑。口径 18、腹径 18.2、底径 10.2、高 12.2 厘米。

标本热 M34:1（图五八，4），仰折沿，圆唇，沿面下凹，上腹斜直，下腹内弧，平底内凹。折腹处上部有一道极浅细极不明显的凹弦纹。泥质深灰陶。器表打磨平整光滑，下腹部略显粗糙。沿面外侧有一道凹弦纹。口径 22.8、腹径 22.2、底径 11.2、高 14 厘米。

Ⅴb式　8件。折腹处无凹弦纹。

标本 M28:4（图五八，5；图版一八，4），仰折沿，圆唇，上腹斜直，下腹微内弧，平底内凹。泥质红褐胎黑皮陶。上腹部有一道凹弦纹，沿面内外侧各有一道凹弦纹。通体打磨光滑，有光泽。口径 17.9、腹径 17.6、底径 9、高 13.4 厘米。

标本 M151:2（图五八，6；图版一八，5），平折沿，方唇，唇面饰一道凹弦纹，上腹弧，下腹斜直，平底内凹。泥质灰陶。器表打磨，肩以上平整光滑有光泽，腹部略粗糙有刮削痕。沿面有凹弦纹不明显。口径 10.4、腹径 15.6、底径 8.2、高 13 厘米。

标本热 M5:1（图五八，7），折沿下仰，圆唇，上腹部内弧，下腹斜直，平底内凹。泥质深灰陶，器表打磨光滑有光泽。沿面内外侧各有一道凹弦纹。口径 18、腹径 17.8、底径 9、高 10.3 厘米。

Ab 型　23件。腹部弧折，或有折棱但不规整，也不凸出，系刮削器表而形成。

Ⅰ式 7件。仰折沿宽厚,圆唇或方唇。除一件(热 M35:2)素面外,其余均于折腹上部饰二至四道凹弦纹。

标本 M18:3(图五九,1;图版一八,6),仰折沿,圆唇,上下腹近斜直,平底。泥质灰陶,通体打磨。折腹以上平整光滑,下腹部粗糙。折腹以上饰四道凹弦纹,各面外侧饰一道凹弦纹。口径 19.4、腹径 17.7、底径 10、高 9.4 厘米。

标本热 M35:2(图五九,2),仰折沿,圆唇,唇面下凹,上腹内弧,下腹斜直,平底内凹。夹砂灰陶,胎体厚重。沿面内侧凸起。口径 19.2、腹径 16.2、底径 8.4、高 10.6 厘米。

标本 M120:4(图五九,5;图版一九,1),厚仰折沿,方唇,唇面下凹,上下腹略弧,平底内凹。泥质灰陶,胎体厚重,泥质较粗,触摸有涩手感。折腹处以上饰三道凹弦纹,沿面外侧饰一道凹弦纹。腹部有刮削痕。口径 21、腹径 18.5、底径 10.4、高 12 厘米。

Ⅱ式 2件。平折沿微仰,方唇。折腹以上饰两道凹弦纹。

标本热 M31:3(图五九,3;图版一九,2),平折沿微仰,方唇,唇面下凹,上腹部外弧,下腹部内弧,平底内凹。泥质灰胎黑皮陶。折腹处以上有两道凹弦纹,沿面内外侧各有一道浅凹弦纹不清晰。器表打磨,下腹部有刮削痕。口径 21.2、腹径 20.4、底径 12、高 13.8 厘米。

Ⅲ式 3件。折腹以上饰一道凹弦纹。

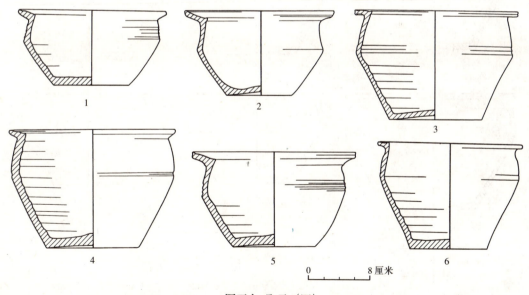

0   8 厘米

图五九 陶盂(四)

1、2、5. Ab 型Ⅰ式(兴弘 M18:3、热电 M35:2、兴弘 M120:4) 3. Ab 型Ⅱ式(热电 M31:3)
4、6. Ab 型Ⅲ式(兴弘 M133:3、兴弘 M1:1)

标本 M1:1（图五九，6），平折沿，圆唇，沿面下凹，有颈，上腹微弧，下腹局部内弧，平底。泥质灰胎黑皮陶。器表通体打磨，上腹部有光泽，下腹部残存刮削痕。折腹处上部饰一道浅而细凹弦纹。口径 19、腹径 18、底径 5.1、高 13.4 厘米。

标本 M133:3（图五九，4），仰折沿，圆唇，腹部弧折，折腹处饰一道凹弦纹。泥质灰胎黑皮陶，胎体厚重。上腹微弧，下腹斜直，平底内凹。器表打磨光滑有光泽。腹部原来有绳纹，后被抹平，局部隐隐可见。折腹处上部饰一道凹弦纹，沿面有凹弦纹，但断断续续，并不明显。口径 21.8、腹径 21.2、底径 12.2、高 14.8 厘米。

Ⅳ式　4件。折腹的折棱明显，但不饰凹弦纹。

标本 M96:2（图六〇，1），平折沿，方唇，折腹折棱规整，上腹弧起，下腹内弧，平底内凹。泥质红褐胎黑褐皮陶，器表打磨平整光滑。沿面中央饰两道凹弦纹。口径 21.8、腹径 19.6、底径 11.2、高 13 厘米。

标本 M129:1（图六〇，2），折沿微上仰，方唇，上下腹斜直，腹部折棱清晰，平底内凹。泥质灰陶，器表打磨平整光滑。沿面饰两道凹弦纹。口径 20.2、腹径 19.3、底径 11、高 13.6 厘米。

Ⅴ式　4件。折腹折棱不规则，多系刮削形成的不规则细棱。下腹部一般内弧。

标本 M30:2（图六〇，3），仰折沿，方唇，腹部弧折，折棱不显，上腹外弧，下

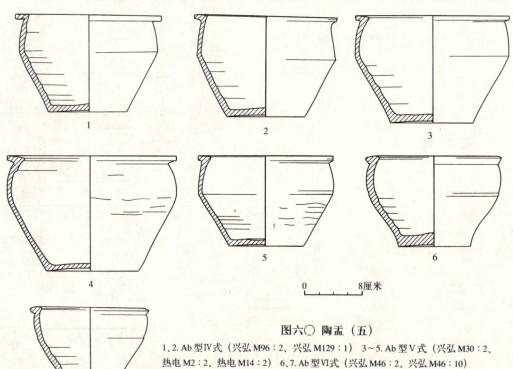

图六〇　陶盂（五）

1、2. Ab 型Ⅳ式（兴弘 M96:2、兴弘 M129:1）　3～5. Ab 型Ⅴ式（兴弘 M30:2、热电 M2:2、热电 M14:2）　6、7. Ab 型Ⅵ式（兴弘 M46:2、兴弘 M46:10）

腹内弧，平底内凹。泥质红褐胎黑皮陶，通体打磨光滑。口径 21.4、腹径 21.4、底径 11.6、高 14.2 厘米。

标本热 M2:2（图六〇，4；图版一九，3），仰折沿，沿面弧鼓，方唇，腹部弧折，折棱不规则，系因刮削而形成，上腹弧鼓，下腹内弧，平底内凹。泥质灰陶，器表打磨光滑有光泽，有横向刮削痕。口径 23.8、腹径 23.8、底径 13、高 15.4 厘米。

标本热 M14:2（图六〇，5），折沿微仰，方唇，腹部弧折，折棱不规则，系刮削而成，上腹外弧，下腹内弧，平底内凹。泥质灰陶，器表打磨光滑有光泽。唇面饰一道细凹弦纹，下腹部有十余周横向修刮痕。口径 18.6、腹径 18.5、底径 10.2、高 12.2 厘米。

Ⅵ式 3件。尖唇，沿面弧鼓，折腹不明显，几近弧腹，腹部细棱皆为刮削所形成的痕迹。皆上腹弧鼓，下腹内弧。

标本 M46:2（图六〇，6），折沿微下仰，沿面弧鼓，尖唇，折腹不明显，几近弧腹，腹部细棱为刮削所形成的痕迹。上腹弧鼓，下腹内弧，平底。泥质灰陶，通体打磨平整光滑有光泽，器表有刮削形成的暗纹。口径 19、腹径 19.8、底径 10.1、高 12 厘米。

标本 M46:10（图六〇，7；图版一九，4），折沿下仰，沿面弧鼓，尖唇，折腹不明显，几近弧腹，腹部细棱为刮削所形成的痕迹。上腹弧鼓，下腹内弧，平底。泥质黄灰陶，通体打磨平整光滑有光泽，器表有刮削形成的暗纹。口径 17、腹径 16.2、底径 7.6、高 10.2 厘米。

B型 7件。鼓腹或弧腹。分为四式。

Ⅰ式 1件。折沿上仰，斜长颈，鼓腹。

标本 M60:4（图六一，1；图版一九，5），仰折沿，叠唇，斜长颈，鼓腹，平底微凹。泥质灰陶，器表打磨光滑平整有光泽。沿面饰两道凹弦纹，下腹部有刮削痕。口径 18、腹径 17.8、底径 9.2、高 11.4 厘米。

Ⅱ式 1件。平折沿，束颈，圆肩，斜弧腹。

标本热 M48:2（图六一，2；图版一九，6），平折沿，圆唇，束颈，圆肩，斜弧腹，平底微凹。泥质灰陶，胎体厚重，器表打磨光滑，有十数周横向刮削痕。口径 17.7、腹径 18.6、底径 9.4、高 12.8 厘米。

Ⅲ式 4件。沿变窄，平折或微仰。分二亚式。

Ⅲa式 3件。短束颈。

标本 M54:5（图六一，3；图版二〇，1），方唇，唇面饰一道凹弦纹，折沿微仰，平底内凹。泥质灰陶，器表打磨平整光滑有光泽。口径 17.9、腹径 18.8、底径 9.5、高 10.4 厘米。

标本热 M27:2（图六一，4），方唇，唇面饰一道凹弦纹，平折沿，沿面弧鼓，平底内凹。泥质灰陶，器表及器内壁上部涂一层白色的薄灰面，其中外壁灰面局部剥落，内壁绝大部分已剥落，估计原来有彩绘。沿面内外侧有凹弦纹不明显。口径 18.2、腹径 19.4、底径 8.8、高 11.3 厘米。

Ⅲb式　1件。无颈。

标本 M45:4（图六一，5；图版二〇，3），平折沿，圆唇，平底内凹。泥质灰陶，通体打磨，肩以上略有光泽，腹部有刮削痕。沿面外侧饰一道凹弦纹，时断时续。口径 18.6、腹径 17.8、底径 10.4、高 9.8 厘米。

Ⅳ式　1件。无沿无颈。

标本 M46:6（图六一，6；图版二〇，5），敛口，圆唇，圆肩，鼓腹，平底内凹。泥质灰陶，但泥质较粗，触摸有涩手感。通体打磨光滑，器表有刮削形成的暗纹。口径 10.6、腹径 13、底径 7.6、高 8.4 厘米。

异型　2件。

标本 M152:2（图六一，7），仰折沿，尖唇，扁折腹，平底。泥质灰陶，但泥质较

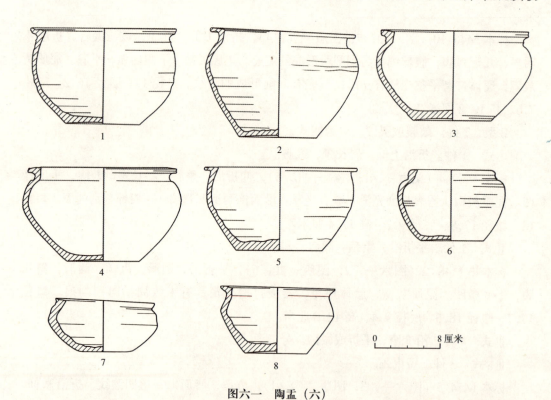

图六一　陶盂（六）

1.B型Ⅰ式（兴弘M60:4）2.B型Ⅱ式（热电M48:2）3.B型Ⅲa式（兴弘M54:5）4.B型Ⅲa式（热电M27:2）
5.B型Ⅲb式（兴弘M45:4）6.B型Ⅳ式（兴弘M46:6）7、8.异型（兴弘M152:2、兴弘M74:3）

粗，触摸有涩手感。器表经打磨，肩以上平整，腹部粗糙有刮削痕。沿面有一道凹槽。口径 12.2、腹径 13.6、底径 6.6、高 6.4 厘米。

标本 M74：3（图六一，8），折沿微仰，尖唇，折腹，平底微凹。折腹处上部饰一道细凹弦纹，下部有一道凹槽，沿面内侧饰一道凹弦纹。泥质灰陶，但泥质较粗，触摸有涩手感。通体打磨，肩以上平整，腹部略粗糙。口径 14、腹径 14、底径 7.6、高 8 厘米。

4. 罐

罐共 35 件。多数为泥质灰陶，少量泥质灰胎黑皮陶。器表一般经打磨，平整光滑，少数有光泽。器表肩部多饰凹弦纹，偶见有与陶豆相同的经刮削形成的暗纹（图版二三，1）。以折肩所处的位置不同分为两型。

A 型　22 件。最大径接近器腹的上部。分为四式。

Ⅰ 式　3 件。窄仰折沿较厚，方唇。肩部一般有两道凹弦纹。

标本 M18：4（图六二，1；图版二〇，2），仰折沿，沿面内凹，方唇，高束领，斜

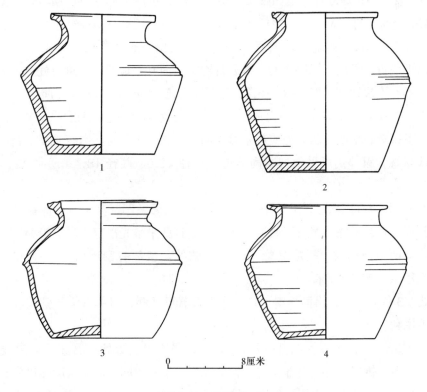

1
2
3
4
0　　　　　　8厘米

图六二　陶罐（一）

1. A 型 Ⅰ 式（兴弘 M18：4）　2~4. A 型 Ⅱ 式（兴弘 M52：3、热电 M25：2、热电 M31：4）

肩，斜腹，平底。泥质灰陶，器表打磨平整光滑。折肩处上部饰两道凹弦纹，腹部局部有刮削痕。口径11.8、腹径18、底径12、高15厘米。

Ⅱ式　7件。折沿，多方唇。肩部饰两道凹弦纹。

标本 M52：3（图六二，2；图版二〇，4），平折沿，方唇，高领，肩部弧鼓，肩以下锐折，腹部斜直，平底内凹。泥质灰陶，器表打磨平整。折肩处上部饰两道凹弦纹，沿面内外侧各饰一道凹弦纹，腹部有刮削痕。口径12、腹径19.4、底径12.6、高17厘米。

标本热 M25：2（图六二，3；图版二〇，6），折沿下仰，方唇，高领，肩、腹弧鼓，肩以下锐折，平底内凹。泥质灰陶，器表打磨平整。沿面有两道凹槽，折肩处上部饰两道凹弦纹，腹部有不规则刮削痕。口径12.2、腹径17.6、底径11.2、高15厘米。

标本热 M31：4（图六二，4），折沿略仰，沿面下凹，圆唇，高领，肩部弧鼓，肩以下锐折，腹部斜直，平底内凹。泥质灰陶，器表打磨。折肩处上下部各饰一道凹弦纹，腹部有不规则刮削痕。口径13.5、腹径18.2、底径11、高14.6厘米。

Ⅲ式　9件，折肩处饰一道凹弦纹。多平折沿，折沿上仰3件（M41：3，M146：3，M146：4），下仰2件（M31：1，M42：4）。多方唇，1件圆唇（M146：4）。

标本 M31：1（图六三，1；图版二一，1），折沿下仰，方唇，矮束领，肩、腹略弧，肩以下锐折，平底。泥质灰陶，器表打磨。沿面有一道凹槽，折肩处上部饰一道凹弦纹，腹部有不规则刮削痕。口径6.8、腹径17、底径10.4、高14.2厘米。

标本 M146：4（图六三，2；图版二一，2），折沿略仰，方唇近圆，矮领，肩腹略弧，肩以下锐折，平底内凹。泥质灰胎黑皮陶，器表打磨平整光滑有光泽。折肩处上部一道细凹弦纹，腹部仍可见斜向刮削痕迹。口径11.6、腹径18.4、底径12、高13.6厘米。

标本 M148：1（图六三，3），平折沿，方唇，唇面微凹，高领，肩部弧鼓，肩以下锐折，腹部斜直，平底。泥质灰胎黑皮陶，器表打磨平整光滑有光泽。沿面饰三道凹弦纹，领部饰两道凸弦纹，折肩处饰一道细凹弦纹。腹部有刮削痕。口径10.4、腹径16.7、底径10、高14厘米。

Ⅳ式　3件。折沿，沿面平滑，口小底大，器形矮胖，肩部有细凹弦纹或无，折肩处折棱不锐利。

标本 M57：3（图六三，4；图版二一，3），平折沿，方唇，唇面饰一道浅细凹弦纹，矮领外撇，折肩不锐，肩部弧起，腹部斜直，平底内凹。泥质灰胎黑皮陶，器表打磨平整光滑。折肩处上部半圈浅细凹弦纹。口径12.2、腹径19.6、底径13.2、高14.4厘米。

标本热 M5：3（图六三，5；图版二一，4），折沿略仰，沿面微弧，方唇，矮领，

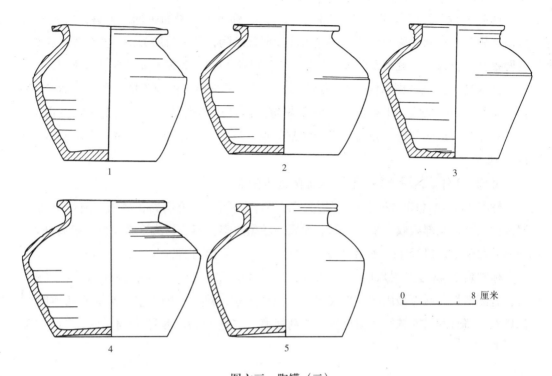

0 ————————— 8 厘米

图六三 陶罐（二）

1~3. A型Ⅲ式（兴弘M31：1、兴弘M146：4、兴弘M148：1） 4、5. A型Ⅳ式（兴弘M57：3、热电M5：3）

折肩不锐，肩腹略弧，平底内凹。泥质灰胎黑皮陶，器表打磨平整光滑有光泽。唇面饰一道浅细凹弦纹。口径11.1、腹径17.2、底径12.4、高13.95厘米。

B型 12件。最大径接近器腹的中部。分为五式。

Ⅰ式 2件。折沿尖唇。分二亚式。

Ⅰa式 1件。器形扁矮。

标本M6：3（图六四，3；图版二一，5），仰折沿，沿面下凹，尖唇，高领，肩以下弧折，肩腹斜直，平底，口底同大。泥质灰陶，器表打磨光滑。口径8.8、腹径11.7、底径7.6、高7.4厘米。

Ⅰb式 1件。器形较高。

标本热M35：3（图六四，1；图版二一，6），平折沿，沿面下凹，尖唇，高领外撇，肩弧折，器最大径位于器物的中部，斜肩弧腹，小平底内凹，口大底小。泥质灰陶，夹杂细砂，触摸有涩手感。肩以上打磨，腹部有不规则刮削痕。口径13.3、腹径16.8、底径7.6、高14厘米。

Ⅱ式 4件。折沿平或仰，方唇，肩以下多弧折（M55：5锐折），肩部饰二至三道凹弦纹。

标本 M127:2（图六四，4；图版二二，1），仰折沿，沿面下凹，方唇，唇面下凹，肩以下弧折，高领，肩腹微弧，平底内凹。泥质灰陶，器表打磨光滑。折肩处上部饰三道凹弦纹，腹部有不规则刮削痕。口径9.2、腹径14.2、底径8.4、高10.4厘米。

标本热 M51:2（图六四，2；图版二二，2），平折沿，沿面下凹，方唇，肩以下弧折，无颈，肩腹微弧，平底内凹。泥质灰陶，器表打磨光滑。折肩处上部饰三道凹弦纹，肩部饰两道凹弦纹，腹部有不规则刮削痕。口径12.8、腹径19.4、底径11.9、高14.8厘米。

Ⅲ式　2件。折沿方唇，折肩处饰两道凹弦纹。

标本 M52:4（图六四，5；图版二二，3），仰折沿，方圆唇，高领，肩以下弧折，肩部微弧鼓，腹部内收，平底内凹。泥质灰胎黑皮陶，器表打磨平整光滑。折肩处上部饰两道凹弦纹，口径12、腹径17.4、底径10.8、高14.4厘米。

标本热 M46:1（图六四，6；图版二二，4）。平折沿，方唇，领较高，肩以下弧折，肩部微弧，腹部微内收，平底内凹。泥质灰陶，器表打磨平整。沿面有两道凹槽，折肩处上部有两道凹弦纹，腹部有纵向刮削痕。口径11.8、腹径17.4、底径11.2、高13.4厘米。

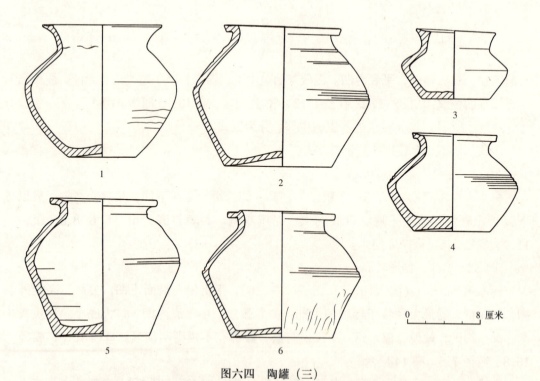

图六四　陶罐（三）

1. B型Ⅰb式（热电 M35:3）　2、4. B型Ⅱ式（热电 M51:2、兴弘 M127:2）　3. B型Ⅰa式（兴弘 M6:3）
5、6. B型Ⅲ式（兴弘 M52:4、热电 M46:1）

Ⅳ式　1件。仰折沿方唇，折肩处饰一道凹弦纹，器显矮胖。

标本 M51：1（图六五，1；图版二二，5），仰折沿方唇，矮领，肩以下锐折，肩部弧鼓，腹部斜直，平底内凹，口底同大，器显矮胖。泥质灰陶，局部呈黄灰、褐色，器表打磨平整光滑。折肩处饰一道凹弦纹，唇面饰一道凹弦纹。口径 11.4、腹径 18.5、底径 10.7、高 13.2 厘米。

Ⅴ式　3件。平折沿，方唇或圆唇，肩多弧折，无纹饰。

标本 M30：3（图六五，2；图版二二，6），平折沿，方唇，领较高，肩以下锐折，肩腹微弧，平底内凹。沿面饰两道凹弦纹，唇面饰一道细凹弦纹，肩颈相交处有折棱。泥质灰陶，器表局部呈黑、褐、红色。器表打磨平整光滑有光泽。口径 11.8、腹径 18、底径 11.7、高 14 厘米。

标本 M54：1（图六五，3；图版二三，1），窄仰折沿，方唇，矮领，肩以下弧折，肩腹微弧，平底内凹。泥质灰陶。器表打磨平整光滑，肩部有刮削暗纹，腹部有刮削痕。口径 10.6、腹径 17.4、底径 10.6、高 13 厘米。

异型　1件。

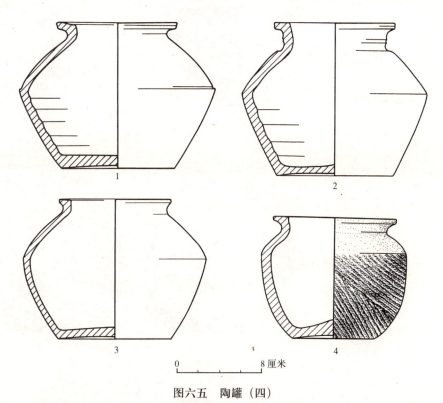

1　　　　　　　　　　2

3　　　　　　　　　　4

0　　　　　　　8 厘米

图六五　陶罐（四）

1.B 型Ⅳ式（兴弘 M51：1）　2、3.B 型Ⅴ式（兴弘 M30：3、兴弘 M54：1）　4.异型（兴弘 M125：3）

标本 M125:3（图六五，4），平折沿，圆唇，矮领，折肩斜直，腹近直，下腹弧收，凹圜底。泥质褐陶。腹部饰交错细绳纹，沿面饰两道凹弦纹。口径11.9、腹径14、底径8、高11.4厘米。

5. 高领罐

共7件。均为折沿，方唇。泥质灰陶，饰绳纹。分为五式。

Ⅰ式　1件。宽仰折沿，无领，溜肩，弧腹，凹圜底。

标本 M6:1（图六六，1；图版二三，2），宽仰折沿，方唇，无领，溜肩，弧腹，凹圜底。泥质灰陶。通体饰绳纹，肩部有数道断续不清的抹痕。口径14.2、腹径19.7、底径8、高22.8厘米。

Ⅱ式　1件。窄仰折沿，高领，圆肩，鼓腹，凹圜底。

标本 M25:7（图六六，2；图版二三，3），窄仰折沿，方唇，唇面下凹，高领，圆

图六六　高领罐

1. Ⅰ式（兴弘M6:1）　2. Ⅱ式（兴弘M25:7）　3. Ⅲ式（热电M1:1）
4. Ⅳ式（兴弘M62:1）　5、6. Ⅴ式（兴弘M46:1、兴弘M73:1）

肩，鼓腹，凹圜底。泥质灰陶。通体饰绳纹，颈部绳纹抹去，隐约可见，肩部及腹上部各有一道手指抹痕。口径 13、腹径 21.4、底径 8.6、高 22.8 厘米。

Ⅲ式　1件。平折沿，矮领，折肩，直腹，浅凹圜底近平。

标本热 M1∶1（图六六，3；图版二三，4），平折沿，沿面微凹，方唇，唇面微凹，矮领外斜，折肩，直腹，浅凹圜底近平。泥质灰陶。腹部饰绳纹，上部有两道手指抹痕。口径 14.4、腹径 24.6、底径 6、高 28 厘米。

Ⅳ式　1件。卷沿，高领，折肩，直腹，凹圜底。

标本 M62∶1（图六六，4；图版二三，5），卷沿，沿面外侧有一道凹槽，厚方唇，唇面下侧饰一道凹弦纹，高领，折肩，直腹，凹圜底。泥质灰陶。腹部饰绳纹。口径 17.4、腹径 26.6、底径 10.4、高 25.8 厘米。

Ⅴ式　3件。卷沿，高领，折肩，直腹，大圜底。

标本 M46∶1（图六六，5；图版二三，6），卷沿，厚方唇，唇面下凹，高领，折肩，直腹，大圜底。泥质灰陶。腹部饰绳纹，领部原有绳纹被抹去，隐约可见。肩部有与豆盘相同的刮削形成的暗纹，口径 18.2、腹径 26、底径 8.2、高 10.4 厘米。

标本 M73∶1（图六六，6；图版二四，1），卷沿，厚方唇，唇面下凹，高领，折肩，近垂腹，大圜底。泥质灰陶。腹部饰绳纹，肩部有与豆盘相同的刮削形成的暗纹。口径 14.2、腹径 26、底径 10、高 26.4 厘米。

6. 簋

2件，均出于兴弘花园墓地。器形基本相同，均为宽大仰折沿，折腹，粗短柄，喇叭座。柄中部有箍，器腹上部有数道凹弦纹，器表有刮削形成的暗纹。

标本 M25∶1（图六七，1；图版二四，2），宽大仰折沿，圆唇，腹部弧折，粗短柄，柄中部有箍，喇叭座。泥质红褐胎灰皮陶。器腹上部有两道凹弦纹，器表从口沿至柄均有刮削形成的暗纹。口径 22、腹径 17.2、底径 12.8、高 17.4 厘米。

标本 M25∶2（图六七，2），宽大仰折沿，方唇，唇面下凹，腹部弧折，粗短柄，柄中部有箍，喇叭座。泥质红褐胎黄灰皮陶。器表从口沿至柄均有刮削形成的暗纹，器腹上部有四道凹弦纹。口径 21.6、腹径 16.8、底径 12.2、高 15.6 厘米。

7. 盆

1件。标本热 M6∶2（图六七，3；图版二四，3），宽卷沿，圆唇，弧腹，平底内凹。泥质灰陶，器表经打磨。器内壁上、下各饰一组暗弦纹，其中上面一组三道细暗弦纹，下面一组四道较粗暗弦纹，两组暗弦纹之间有一道连弧暗纹。口径 36.7、底径 19.8、高 12.8 厘米。

8. 钵

1件。标本 M154∶2（图六七，4），微敞口，圆唇，弧腹，平底内凹。泥质灰陶。

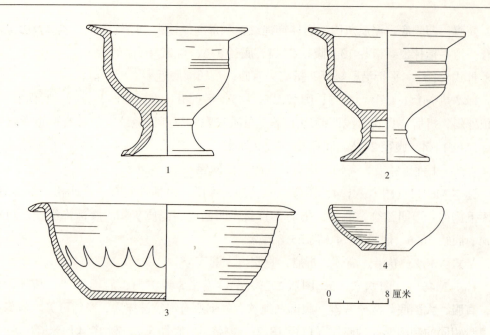

图六七　其他陶器
1、2.簋（兴弘 M25：1、2）　3.盆（热电 M6：2）　4.钵（兴弘 M154：2）

器内壁有细密的暗螺旋纹。口径 15.6、底径 6、高 6 厘米。

9. 纺轮

共 5 件。均为圆形，上下两面平整，中间有圆形穿孔。泥质陶，多夹细砂。分两型。

A 型　3 件。鼓腰，器形厚薄不一。

标本热 M1：7（图六八，1；图版二四，5），器形较厚，在其中的一个面上有两个椭圆形穿孔斜通侧面。夹细砂红褐陶，有一面打磨得非常平整。直径 5.3、厚 2.5 厘米。

标本热 M55：3（图六八，2），器形较薄。夹细砂，色泽灰、黑、浅褐相杂，有一面打磨得非常平整。直径 4.5、厚 1.2 厘米。

B 型　2 件。折腰。器形较厚。

标本 M7：1（图六八，3），器形略大。夹细砂黄胎黑褐皮陶，有一面打磨得非常平整。直径 4.3、厚 2.3 厘米。

标本 M64：1（图六八，4），器形略小。泥质褐胎黑皮陶，器表打磨平整光滑。直径 3.3、厚 1.5 厘米。

（二）仿铜陶器

仿铜陶礼器共出土 54 件，器类包括鼎、簋、盏、罍、尊、壶、盘、匜、舟、器盖等。

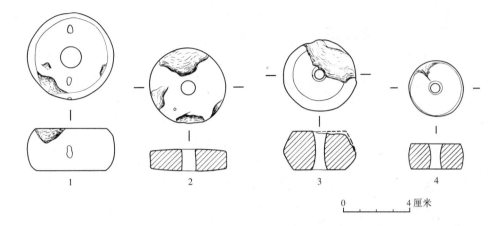

0　　　　　　　　4厘米

图六八　纺轮

1、2. A 型纺轮（热电 M1：7、热电 M55：3）　3、4. B 型纺轮（兴弘 M7：1、兴弘 M64：1）

1. 鼎

共 10 件（其中 2 件残）。均为子母口，鼓腹，高蹄足中空，双附耳，绝大部分有盖，盖有抓手。三件为夹细砂灰陶，其余均为夹细砂红褐胎黑褐皮陶。腹部饰两道凹弦纹，器表皆有白色涂层及彩绘。分为三式。

Ⅰ式　1 件。深腹圜底。夹砂红褐胎黑褐皮陶。

标本热 M40：4（图六九，1；彩版八，1），子母口，方唇，深鼓腹，圜底，高蹄足中空，对称方附耳微曲。有盖，盖缘弧折，盖顶平，抓手呈喇叭状外撇。夹砂红褐胎黑褐皮陶，腹上部饰一道凹弦纹和一道凹槽。器表上腹部、耳、盖抹有一白色薄层，其上有黑彩绘出的花纹，图案为云纹与折曲线相间，彩绘及涂层多已剥落不清。口径 24、腹径 30.4、高 36.2 厘米。

Ⅱ式　4 件。腹较Ⅰ式浅，圜底。夹砂红褐胎黑褐皮陶。

标本 M10：1（图六九，2；彩版八，2），子母口，方唇，鼓腹较浅，圜底，三蹄足中空，对称方附耳微曲。有盖，盖缘弧折，盖顶下凹，抓手呈喇叭状外撇。夹砂红褐胎黑褐皮陶，腹上部饰两道凹弦纹。器表上腹部、耳、盖抹有一白色薄层，其上有黑彩绘出的花纹，图案已剥落不清。口径 22、腹径 23.7、器高 33.2、通高 33.2 厘米。

标本 M16：4（图七〇；彩版八，3），子母口，方唇，鼓腹略浅，圜底，三蹄足略矮，中空，对称方附耳微曲。有盖，盖缘弧折，盖顶略弧，抓手呈喇叭状外撇。夹砂红褐胎黑褐皮陶，腹上部饰两道凹弦纹，足根部有兽面饰，五官凸起。器表足部中部以上均抹有一白色薄层，其上有黑彩绘出的花纹，上腹部图案为几何曲线，抓手的图案与器腹一致，盖面有两圈纹饰，内圈与腹部图案同，外圈为三角纹，内填几何线纹，它们与抓手一起构成光芒四射的太阳纹。彩绘及涂层多已剥落不清。口径 22.4、腹径 28.8、

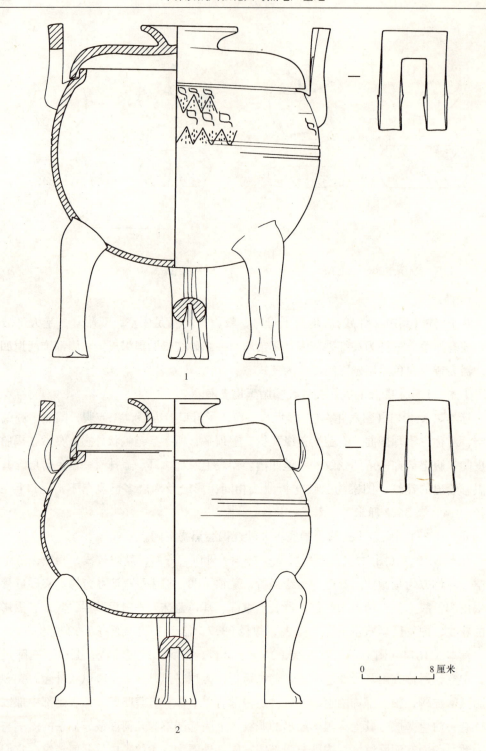

图六九　陶鼎（一）

1. I 式（热电 M40：4）　2. II 式（兴弘 M10：1）

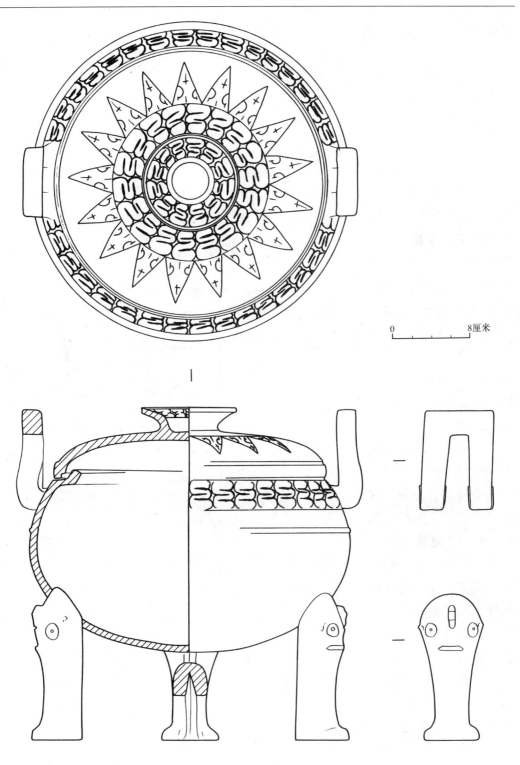

0　　　　　　8厘米

图七〇　陶鼎（二）
Ⅱ式（兴弘 M16∶4）

器高 29.6、通高 29.8 厘
米。

Ⅲ式　3 件。浅腹，
平底。多夹砂灰陶。

标本 M13∶3（图七
一，1；图版二五，1），
子母口，方唇，浅鼓腹，
平底，蹄足较矮中空，
对称方附耳微曲。有盖，
盖缘弧折，盖顶平，抓
手呈喇叭状外撇。夹砂
红褐胎黑褐皮陶，上腹
部饰两道凹弦纹。器表
上腹部、耳、盖抹有一
白色薄层，原来应有彩
绘，但已剥落不清。口
径 15.5、腹径 20、高 23
厘米。

标本热 M27∶1（图
七一，2；图版二五，
2），子母口，方唇，浅
鼓腹，平底，三蹄足较
矮，中空，对称方附耳
微曲。有盖，盖缘弧折，
盖顶微弧，抓手呈喇叭
状外撇。夹砂灰陶，上
腹部饰两道凹弦纹。器
表上腹部、耳、盖抹有
一白色薄层，原来应有
彩绘，但已剥落不清。
口径 20.2、腹径 23、高 28 厘米。

2. 簋

1 件。

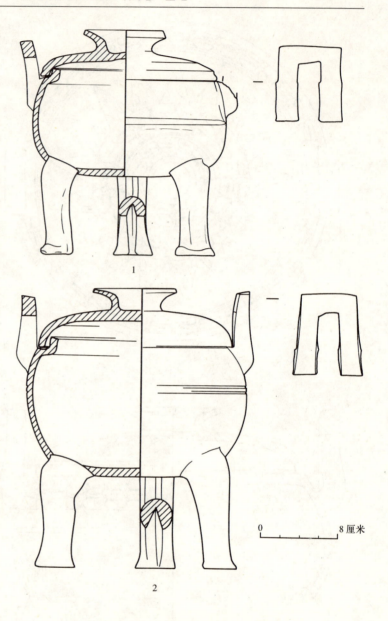

0 ————————— 8 厘米

图七一　陶鼎（三）
1、2. Ⅲ式（兴弘 M13∶3、热电 M27∶1）

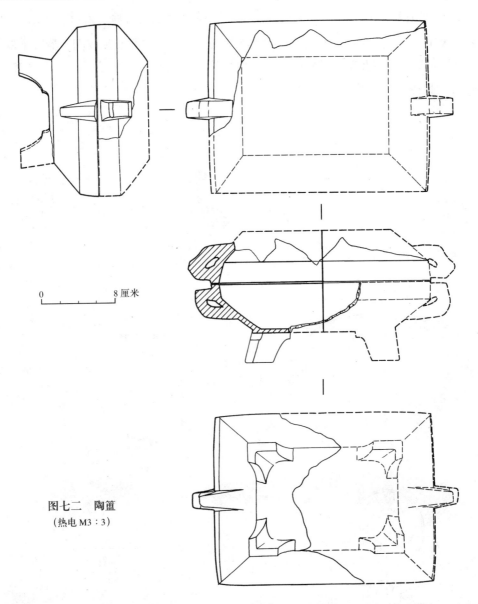

0────8厘米

图七二 陶簠
（热电M3：3）

　　标本热M3：3（图七二；图版二四，4），方唇，折壁较短，平底，四角各一个折曲状足，两短边各饰一扁耳。簠盖残损厉害，是否亦有四足不能确定，其余与器身相同。泥质灰陶。器表有白色涂层，有彩绘已剥蚀不清。长24、宽18、通高14厘米。

　　3．盏

　　共6件，另外有两件盏盖。盏均为窄折沿，有颈，弧腹，平底，有对称双耳。除一件失盖，其余皆带盖。分为两型。

　　A型　2件。平底无足。

标本 M13:4（图七三，1；图版二六，1），窄仰折沿，方唇，有颈，直腹，平底。对称饼状耳，有盖，盖弧壁弧顶，有喇叭状抓手。泥质红褐胎灰褐皮陶。器腹下部修刮痕迹十分明显。器身及器盖外壁皆有一层白色涂层，原来应有彩绘，但均已剥落不清。口径16、腹径22.4、底径11、高15.2厘米。

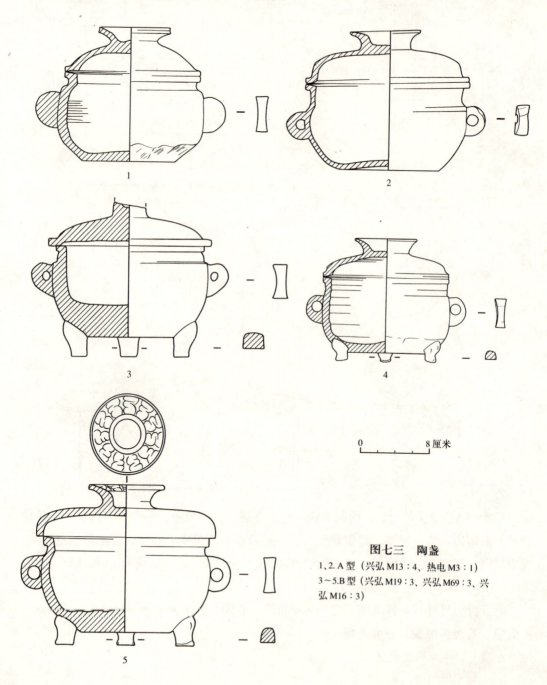

0　　　　　　　8厘米

图七三　陶盉

1、2.A型（兴弘 M13：4、热电 M3：1）
3～5.B型（兴弘 M19：3、兴弘 M69：3、兴弘 M16：3）

标本热 M3:1（图七三，2；图版二五，3），窄仰折沿，方唇，有颈，弧腹，平底，三矮蹄足。对称环耳，有盖，盖弧壁弧顶，有喇叭状抓手。泥质红褐胎黑褐皮陶。器身及器盖外壁皆有一层白色涂层，原来应有彩绘，但均已剥落不清。口径 19.1、腹径 24.6、底径 11.8、高 15.9 厘米。

B 型　4 件。有三足。

标本 M16:3（图七三，5；彩版八，4），窄仰折沿，方唇，有颈，弧腹，平底，三矮蹄足。对称环耳，有盖，盖直壁平顶，有喇叭状抓手。泥质红褐胎黑皮陶。器身内外壁及器盖外壁皆有一层白色涂层，器身彩绘已不见，器盖盖身彩绘纹饰已剥落不清，抓手上的黑彩纹饰还隐约可见，似为弧线组成的云纹。口径 9、腹径 25、高 17.8 厘米。

标本 M19:3（图七三，3；图版二五，4），窄平折沿，方唇，有颈，弧腹，平底，三矮蹄足。对称环耳，有盖，盖体近饼状，折壁，弧顶，抓手已残。泥质红褐胎黑褐皮陶，整个器物的胎体十分厚重。器表原来涂有一层白色涂层，已剥落殆尽。口径 17.6、腹径 23.4、残高 17.6 厘米。

标本 M69:3（图七三，4；图版二六，2），窄仰折沿，方唇，有颈，直腹，平底，三矮蹄足。对称环耳，有盖，盖折壁弧顶，有喇叭状抓手。泥质红褐胎黑褐皮陶。器腹下部修刮痕迹十分明显。器身及器盖外壁皆有一层白色涂层，原来应有彩绘，但已剥落不清。口径 17.8、腹径 22.8、高 17 厘米。

4. 器盖

5 件。

标本热 M33:1（图版二七，1），弧壁平顶，喇叭状抓手。泥质灰胎灰褐皮陶。外壁有一层白色涂层，原来应有彩绘，但已剥落不清。上口径 7.7、下口径 17.6、高 4.8 厘米。

标本热 M34:2（图版二七，2），弧壁弧顶，喇叭状抓手。泥质灰陶，外壁有一层白色涂层，原来应有彩绘，现仅存抓手部位的图案，为三角形内填以点状纹饰。上口径 8.1、下口径 18.5、高 6 厘米。

5. 罍

共 7 件。多卷沿，圆肩或弧肩，弧腹或斜腹，圜底内凹。肩部饰一对爬兽，器表均有白色涂层及彩绘。分为三式。

Ⅰ式　3 件。卷沿或折沿上扬，方唇，高束颈，圆肩，鼓腹。最大径接近器高的二分之一处。泥质红褐胎灰黑皮陶。

标本 M69:1（图七四，1；彩版九，1），折沿上扬，方唇，唇面饰一道凹弦纹，高束颈，圆肩，鼓腹，圜底内凹。肩腹相交处有一对简化的爬兽，兽匍匐，作回首、躬身状，有尾。泥质红褐胎灰黑皮陶。器表一层白色涂层，其上有黑色彩绘，图案为三周折曲线夹短竖线，多剥落不清。口径16、腹径30.2、底径 10.8、高 21.2 厘米。

标本热 M40：3（图七四，2；彩版八，5），卷沿上扬，方唇，高束颈，圆肩，鼓腹，圈底内凹。肩部有一对简化的爬兽，兽匍匐，作回首、躬身状，有尾。泥质红褐胎灰黑皮陶。器表除近底处外，均有一层白色涂层，其上于颈部和上腹部有黑色彩绘，图案共五层，第一层为折曲线填以双"S"纹组成的纹饰，第二层为两排双"S"纹组成的纹饰，第三层

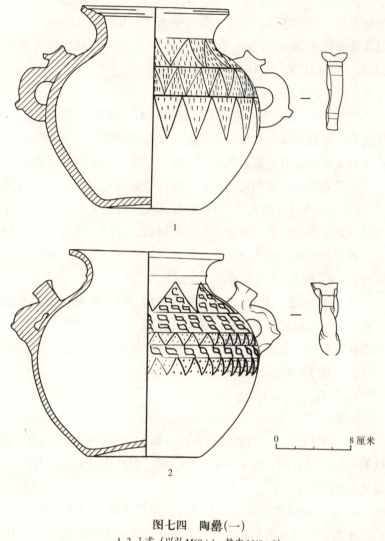

图七四　陶罍(一)
1、2. Ⅰ式（兴弘 M69：1、热电 M40：3）

为折曲线夹圆点，第四层为单排双"S"纹组成的纹饰，第五层为折曲线夹圆点。多剥落不清。口径16.7、腹径24.8、底径12.2、高21.6厘米。

Ⅱ式　3件。卷沿上扬，颈呈喇叭状外撇，瘦肩微折，斜腹微弧。泥质灰陶。

标本 M35：1（图七五，1；彩版八，6），卷沿上扬，方唇，唇面下凹，颈呈喇叭状外撇，瘦肩微折，斜腹微弧，圈底内凹。肩部有一对简化爬兽，兽身躬成圆形，已无尾。泥质灰陶。器表上腹部以上有一层白色涂层，其上原应有彩绘，但已剥落不明。口径17.8、腹径28.2、底径11.6、高21.4厘米。

标本 M139：2（图七五，2），圆唇，颈呈喇叭状上扬，圆肩，鼓腹，圈底内凹。最

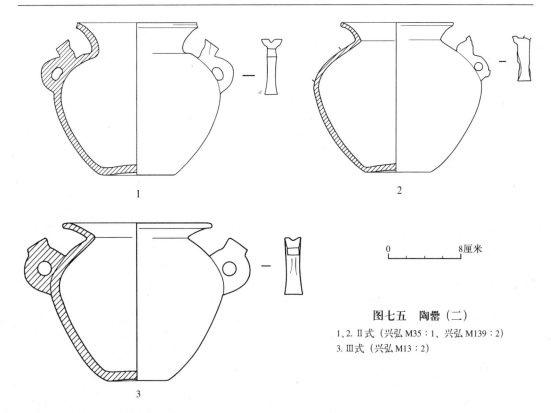

图七五　陶罍（二）

1、2. Ⅱ式（兴弘 M35：1、兴弘 M139：2）

3. Ⅲ式（兴弘 M13：2）

大径位于上部。肩部爬兽已失其一。泥质灰陶。器表有一层白色涂层，其上原应有彩绘，但已剥落不明。口径 16.1、腹径 24、底径 9.4、高 20.6 厘米。

Ⅲ式　1件。圆唇，宽卷沿外撇较平，无颈，弧肩，肩部弧折，斜收腹，小凹圈底。最大径位于器身上部。泥质灰陶。

标本 M13：2（图七五，3；图版二七，3），圆唇，宽卷沿外撇较平，无颈，弧肩，肩部弧折，斜收腹，小凹圈底。最大径位于器上部。肩部爬兽身躯躬成圆形，兽首置于圆环之上。泥质灰陶。器表上腹部以上有一层白色涂层，其上原应有彩绘，但已剥落不明。口径 16.4、腹径 24.6、底径 9.2、高 16.6 厘米。

6. 尊

共10件。均为卷沿下翻，因下翻程度不同形成方唇或尖唇，而以尖唇为多，有颈，溜肩锐折，弧腹，凹圈底。除一件（兴弘 M24：1）为红褐胎黑皮陶，一件为灰陶外，其余均为灰胎黑皮陶，表面打磨平整光滑，大部分有彩绘。分为三式。

Ⅰ式　1件。矮斜颈，肩部饰一道凸弦纹。

标本 M22：4（图七六，1；图版二八，1），卷沿略下翻，方唇，唇面有凹弦纹，矮领外斜，折肩，肩部略弧，直腹，下部弧收，凹圈底。泥质灰陶，器表打磨平整光滑。肩部饰一道凸弦纹。口径 12.6、腹径 20.6、底径 8.4、高 18.5 厘米。

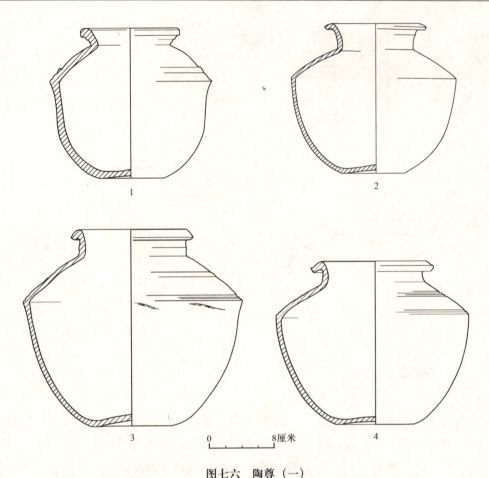

图七六　陶尊（一）

1. I 式（兴弘 M22∶4）　2. II 式（热电 M48∶3）　3、4. III式（热电 M27∶3、热电 M43∶1）

II式　2件。高斜颈，肩部无凹弦纹，器表无彩绘。

标本热 M48∶3（图七六，2；图版二八，2），卷沿，尖唇，高斜颈，折肩，但折肩处不如 I 式锐利整齐，肩部微弧，弧腹，凹圜底。泥质灰胎黑皮陶。口径 15.2、腹径 24.6、底径 9.3、高 21.5 厘米。

III式　7件。直颈或束颈较矮，肩部有凹弦纹。

标本热 M6∶1（图七七；彩版九，2），卷沿，方唇，直颈较矮，折肩，肩部微弧，弧腹，凹圜底。肩部有三组、每组各两道凹弦纹。泥质灰胎黑皮陶。通体布红、黄两色彩绘图案，而以红色为主。口部饰一周倒三角形纹，三角形内上部有一组对称云纹，下部一"T"字纹。肩部以凹弦纹为界分为三组纹饰：最上一组为椭圆点纹，中间一组四周云纹，最下一组倒三角纹与口部纹饰相同。腹部有两组纹饰：上面一组一周与口沿相同的倒三角纹，倒三角纹之间填以黄色勾连云纹，下面一组为较宽的四周云纹。口径

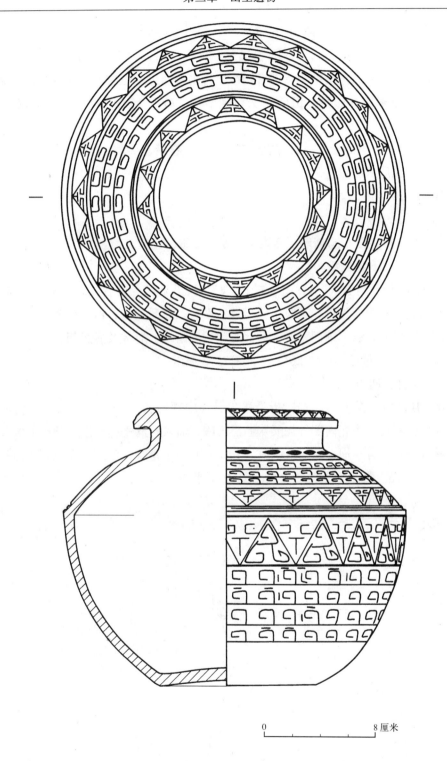

0   8 厘米

图七七 陶尊（二）

Ⅲ式（热电 M6：1）

14.6、腹径 24.7、底径 11、高 19.6 厘米。

标本热 M27∶3（图七六，3；图版二九，1），卷沿，尖唇，直颈较矮，折肩，弧腹，凹圜底。泥质灰胎黑皮陶。肩部有两组、每组各两道凹弦纹。器表及器口内侧有一层白色涂层，原来应有彩绘，但已完全剥落不存。口径 15.2、腹径 27.2、底径 9.8、高 23.2 厘米。

标本热 M43∶1（图七六，4；图版二九，2），卷沿，尖唇，直颈较矮，折肩，弧腹，凹圜底。泥质灰胎黑皮陶。肩部有两组、每组各两道凹弦纹。口径 15、腹径 23.4、底径 9.4、高 19.4 厘米。

7．壶

2 件，均出自兴弘花园墓地。高束颈，亚字形腹，泥质灰陶。分二式。

Ⅰ式　1 件。下腹微弧。

标本 M46∶12（图七八，1；图版二七，4），折沿下仰，方唇，唇面下凹，高束颈，圆肩，上腹直，腹中部外折，下腹斜收微弧，平底。泥质灰陶，器表打磨平整。口沿及颈部有刮削形成的暗纹，细而整齐，肩部有锯齿形暗纹。肩部及肩腹相交处各饰一道凸弦纹。口径 15.1、腹径 21.8、底径 15、高 25.8 厘米。

Ⅱ式　1 件。曲腹。

标本 M154∶1（图七八，2），折沿平出，至中部再折而向下，高束颈，斜肩，曲腹，折曲状假圈足，平底内凹。泥质灰胎黑皮陶，器表打磨平整光滑。颈部下端有两周锯齿形暗纹，肩部有一周三角云纹暗纹，其间夹有一个雷纹，颈部及腹上部各饰一道凹弦纹。口径 13.6、腹径 18、底径 9.2、高 22 厘米。

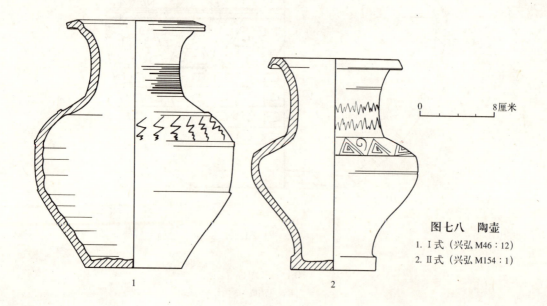

0　　　　　　　　8厘米

图七八　陶壶
1. Ⅰ式（兴弘 M46∶12）
2. Ⅱ式（兴弘 M154∶1）

1　　　　　　　2

8. 盘

7件（其中M102所出1件未复原，未进入下面的型式分析）。均为折沿，浅盘，折耳。分二式。

Ⅰ式　1件。圜底，有三蹄足。

标本热M45:2（图七九，2；图版三○，1），仰折沿，方唇，圜底，蹄足表面修刮，对称折耳。泥质灰陶。口径21、连耳宽24.8、通高8.4厘米。

Ⅱ式　5件。弧壁，平底或内凹。分二亚式。

Ⅱa式　3件。平底。器底有三孔，可能原来安有三足。

标本M16:2（图七九，1；图版三○，2），窄仰折沿，厚方唇，对称折耳，斜弧壁，平底，底部有三圆孔，应是用来安足，泥质灰陶。口径30、连耳宽36、底径24.6、高7.4厘米。

标本M35:7（图七九，3；图版三○，3），窄仰折沿，厚方唇，斜弧壁，平底，底部有三圆孔，但未穿透，对称折耳。泥质灰陶。口径长26.4、连耳宽37、底径长22、高7.6厘米。

Ⅱb式　2件。平底或内凹，器底无孔无足。

标本热M3:2（图七九，4；图版三一，1），窄仰折沿，厚方唇，斜弧壁，平底内凹，对称折耳。泥质红褐胎灰黑皮陶。口径26、连耳宽31、底径22、高7.4厘米。

标本热M40:2（图七九，5；图版三一，2），窄仰折沿，厚方唇，斜弧壁，平底，对称折耳。泥质灰陶。口径31.6、连耳宽39.6、底径26.8、高8厘米。

9. 匜

共4件。其中兴弘花园2件，热电厂2件。分为三式。

Ⅰ式　1件。器形为简化兽形，流部封口有耳，乳丁状矮足。

标本热M45:3（图八○，1），器身后半部残缺。简化兽形，流封口，有双耳，圜底，残存两个乳丁状矮足。泥质红褐胎灰皮陶，器表有修刮痕。长14、宽11.4、高8.4厘米。

Ⅱ式　2件。器形为简化兽形，流封口无耳，三扁足。

标本M35:4（图八○，3；图版三二，1），简化兽形，流封口无耳，器身近椭圆，平底，尾部为简化的兽形鋬，三扁足捏制而成，捏痕清晰。泥质灰陶，器表有修刮痕。口径长14.8、宽12.2、高12.4厘米。

标本热M40:1（图八○，4；图版三一，3），简化兽形，流封口无耳，器身近长方形，平底，尾部为简化的兽形鋬，三扁足经修刮。泥质灰陶，器表有修刮痕。器内外壁除底、足外有一层白色涂层，原来可能有彩绘。长23.8、宽13、高11.2厘米。

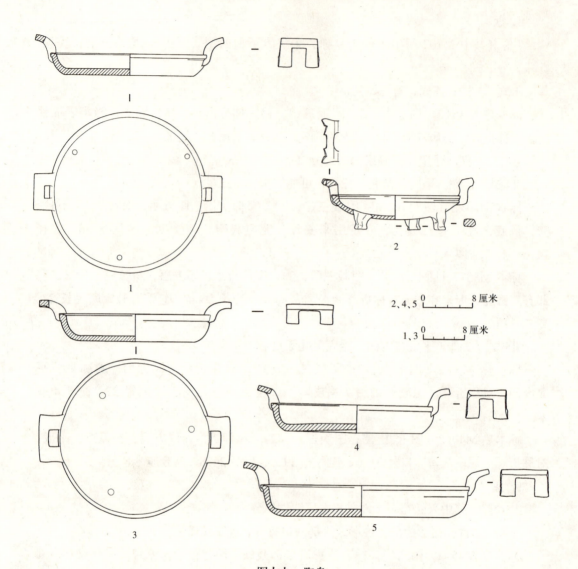

图七九　陶盘

1、3. Ⅱa式（兴弘 M16：2、兴弘 M35：7）　2. Ⅰ式（热电 M45：2）　4、5. Ⅱb式（热电 M3：2、热电 M40：2）

　　Ⅲ式　1件。器形脱离兽形，流部不封口，平底无足。

　　标本 M19：4（图八〇，2；图版三二，2），器形近长方形，长流不封口，平底无足，尾部为圆环形錾。泥质红褐陶，器表有一层白色涂层，原来可能有彩绘。腹径10.6、底径10、高8厘米。

　　10.舟

　　共2件。均为椭圆形器身，鼓腹。有对称双耳。

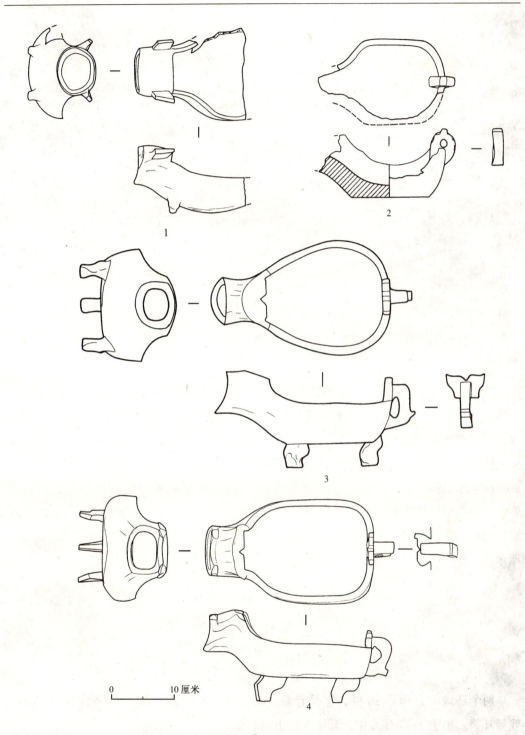

图八〇 陶匜

1. I式（热电M45:3） 2. III式（兴弘M19:4） 3、4. II式（兴弘M35:4、热电M40:1）

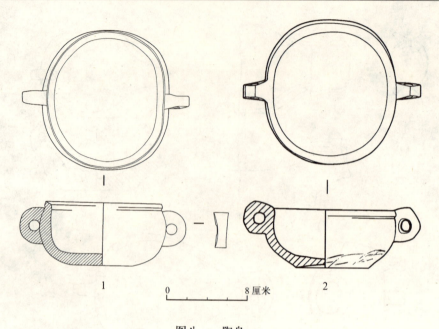

图八一　陶舟

1. 兴弘 M139：1　2. 热电 M33：2

标本 M139：1（图八一，1；图版三二，3），器身近椭圆形，仰折沿，方唇，鼓腹，平底，饰对称半环耳。泥质红褐胎黑皮陶。器内外壁皆有一层白色涂层，原来应有彩绘，但已剥落不清。口径长 13.4、宽 11.8、腹径长 13.7、宽 12.6、底径长 6.3、高6.1 厘米。

标本热 M33：2（图八一，2；图版三二，4），器身近椭圆形，卷沿，方唇，鼓腹，平底内凹，饰对称半环耳。泥质灰陶。器内外壁皆有一层白色涂层，原来应有彩绘，但均已剥落不清。口径长 13.6、宽 12.8、腹径长 14、宽 13、底径长 7.2、高 6.5厘米。

二　铜　器

两个墓地共有铜器 28 件，器类有鼎、盏、舟、环、戈、贝，以及残铜片、残足、残器耳等。出土于 17 座墓中，其中 6 座出铜礼器。

1. 鼎

4 件。分为两型

A型 3件。立耳。分为两式。

I式 2件。浅腹。

标本 M121：1（图八二，3），仰折沿，方唇，微鼓腹，圜底近平，三蹄足中空，足尖略内聚。沿上立对称双长方耳，外撇。腹部饰一周凸弦纹，将器腹分为上、下两部分，上腹部饰一周窃曲纹（图八二，4）。器腹三道范线直贯器足，器底亦有连成三角形的范线。器身薄，器耳厚。器内还盛有兽骨。口径33.2、器高15.2、通高30.4厘米。

标本热 M1：2（图八二，1；彩版一一，1），仰折沿，方唇，弧腹，圜底，三个中空的近柱形蹄足位于器底，足尖呈内聚状。沿上立对称双长方耳，外撇。腹部饰一周凸弦纹。器腹三道范线直贯器足，器底亦有连成三角形的范线。器身薄，器耳厚。口径

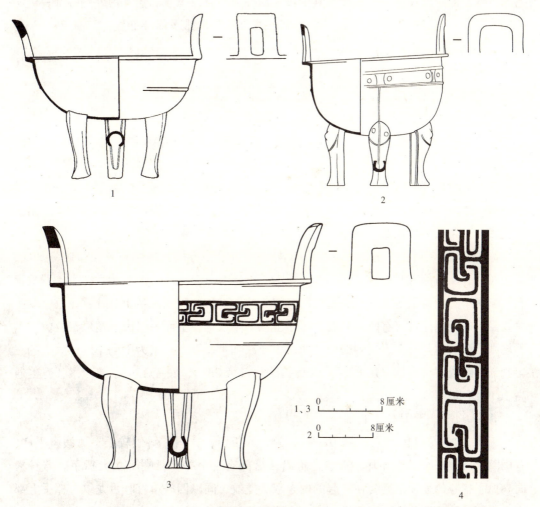

1 2

3

1、3 0   8厘米

2 0   8厘米

4

图八二 铜鼎（一）

1、3. A型 I 式（热电M1：2、兴弘 M121：1） 2. A型 II 式（兴弘 M42：1） 4. 兴弘 M121：1上腹部纹饰

22.4、通高 20.2 厘米。

Ⅱ式　1件。深腹。

标本 M42:1（图八二，2；彩版一〇，1），仰折沿，方唇，微鼓腹，圜底近平，三蹄形足中空，略外撇。沿上立对称双方耳。腹上部两周凸弦纹，弦纹间有六组、每组两个乳钉纹，足根部亦饰两个对称乳钉纹。器腹三道范线直贯器足，器底亦有连成三角形的范线。器身及耳皆薄。口径 21.7、通高 25.2 厘米。

B型　1件。附耳。

标本 M35:3（图八三；彩版一一，2），敛口，方唇，弧腹，圜底近平，蹄足。对称附耳，由双兽仰天吐舌相连而成。有盖，窄折沿，抓手由六根弯曲的铜条承托扁圆环组成。器身饰四道较粗的凸弦纹，其中最上面一道凸弦纹承盖。器耳内外侧各饰一组两条吐舌龙纹，龙身折曲呈三角形。盖面饰三道凸弦纹，抓手饰环曲纹。口径 25.6、器高 30.7、通高 32 厘米。

2. 盖

共5件。分为两型。

A型　4件。平底无足。分三式。

Ⅰ式　2件。宽平折沿，长斜颈，弧腹，有矮圈足。环耳位于颈肩部。

标本 M42:3（图八四；彩版一一，3），平折沿，方唇，斜颈较长，弧腹，平底，颈肩部有对称环耳。有盖，折沿，沿部有三个扣舌，喇叭状大抓手。器身素面。抓手中心的盖顶是缠绕在一起的龙纹，上部饰四周凹弦纹，凹弦纹间有两周S纹，一周三角云纹夹凹面三角纹。口径 22、底径 12.2、高 10.5、连盖通高 17 厘米。

标本 M121:2（图八五；彩版一一，4），仰折沿，方唇，斜颈较长，弧腹，平底，有矮圈足，颈肩部有对称环耳。有盖，折沿，沿部有三个扣舌，喇叭状大抓手。器身素面。抓手中心的盖顶是缠绕在一起的两条双头吐舌龙纹，间以四条单首吐舌龙纹，双头龙纹身躯的两侧还点缀有两只凤鸟。抓手上部两组纹饰，上面一组由三角形云纹、三个不规则凸面三角与一个不规则凹面三角形组成纹饰带，下面一组为不同角度、大小的三角卷云纹组成的纹饰带。盖面四周饰凸弦纹。口径 23.3、底径 12.3、高 9.9、连盖通高 16.9 厘米。

Ⅱ式　1件。环耳位于腹部。

标本 M100:1（图八六；彩版一一，5），仰折沿，方唇，斜颈较长，弧腹，平底，有矮圈足。腹部有对称环耳。有盖，折沿，沿部有三个扣舌，喇叭状大抓手。器身素面。抓手中心的盖顶是缠绕在一起的两条双头龙纹，间以四条单首吐舌龙纹。抓手上部饰六周凹弦纹，凹弦纹间有两组纹饰，上面一组为三角云纹与三个凸面三角和一个凹面三角形组成纹饰带，下面一组为相连的两周卷云纹组成的纹饰带。盖面四周有凸弦纹。

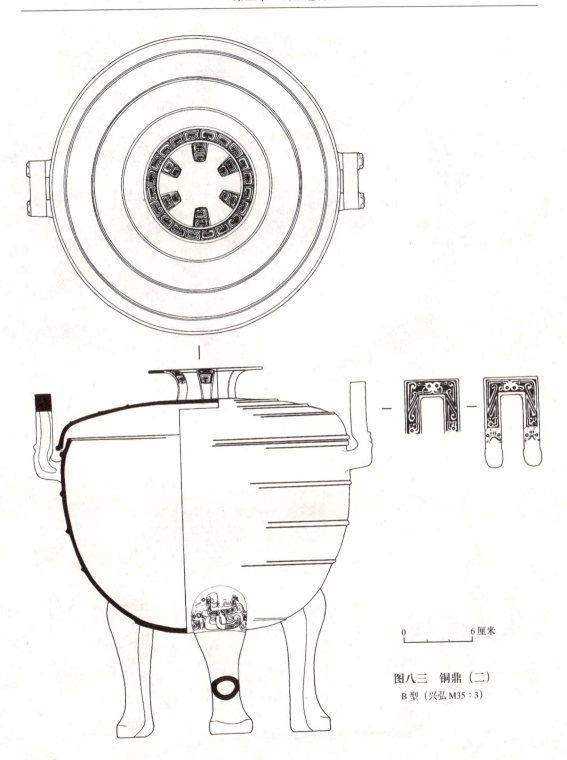

0　　　　　　6厘米

图八三　铜鼎（二）
B 型（兴弘 M35：3）

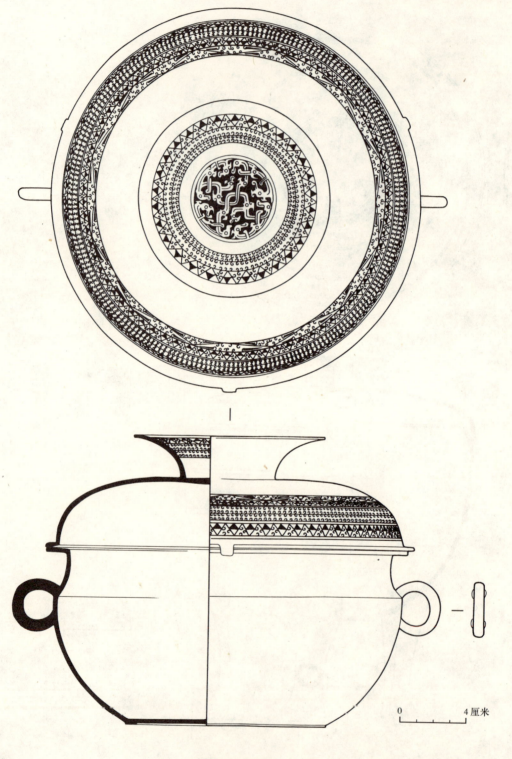

图八四　铜盏（一）

A 型 I 式（兴弘 M42：3）

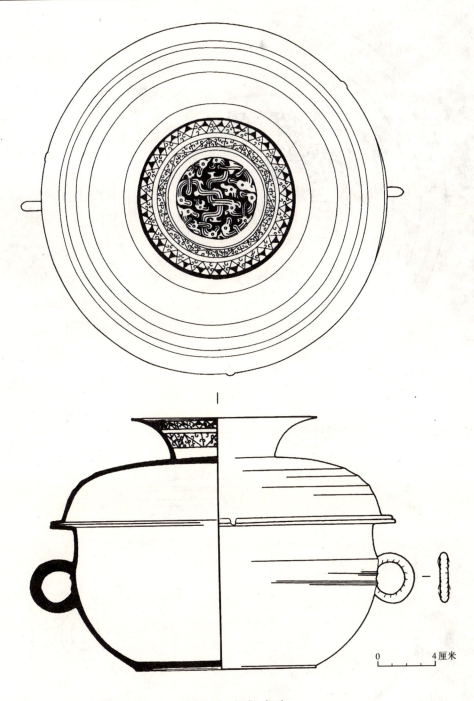

图八五　铜盏（二）

A 型 I 式（兴弘 M121：2）

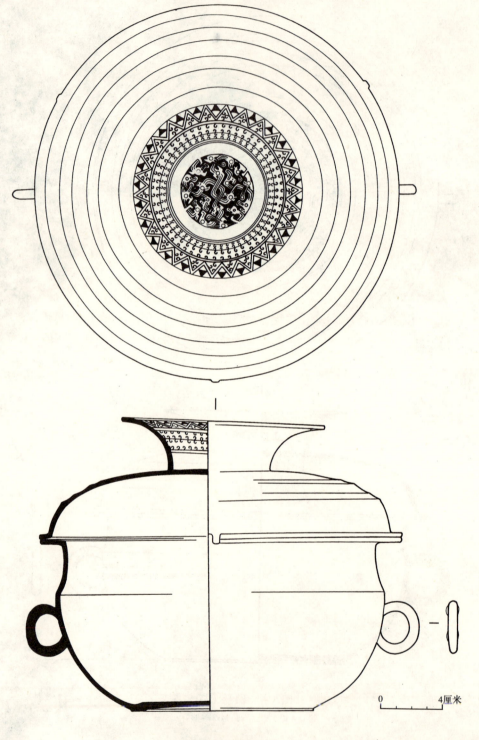

图八六　铜盏（三）

A 型 II 式（兴弘 M100：1）

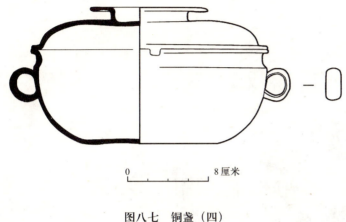

0   8厘米

图八七 铜盏（四）

A型Ⅲ式（热电 M40：7）

口径 23.5、底径 11.9、高 10.9、连盖通高 18.4厘米。

Ⅲ式 1件。窄卷沿，短斜颈，平底内凹，扁环耳。

标本热 M40：7（图八七；彩版一一，6），窄卷沿，圆唇，短斜颈，弧腹，平底微凹。腹部有对称扁环耳。有盖，

折沿，沿部有三个扣舌，大抓手矮扁，顶部平折。器身、器盖均为素面。口径 23.7、底径 13.2、器高 9.4、连盖通高 13.4厘米。

B型 1件。鼓腹，有三足，兽耳。

标本 M35：6（图八八；彩版一〇，2），窄折沿上仰，方唇，束颈，鼓腹，圜底近平，三矮蹄足。腹部饰对称兽形双耳，兽顶双角，圆眼，张嘴吐舌，兽身为环形，有尾。有盖，窄折沿，抓手由六只展翅相连的凤鸟衔环组成，六凤之间的抓手环上有六只龙首，面朝环内，嘴衔相连的凤翅；盖面等距分布四立环耳。器盖饰两道凸弦纹。器身饰三道凸弦纹，足根部有缠绕的蟠螭纹，器底有一周范线。口径 20.8、底径 8.9、高 11.9、连盖通高 17厘米。

3. 舟

4件。均为椭圆形器身，鼓腹，长边两侧饰对称双耳。分为三式。

Ⅰ式 2件。近圆角长方形，卷沿，对称兽耳。

标本 M42：2（图八九，1；彩版一二，1），椭圆形器身。窄卷沿，方唇，鼓腹，平底。腹部长边两侧饰对称兽形环耳。兽顶双角，圆眼，张嘴吐舌，兽身为环形，有尾。素面。口径长 13.9、宽 10.8、腹径长 15.3、宽 12.1、底径 6.7、高 7.3厘米。

标本 M121：3（图八九，2；彩版一二，2），椭圆形器身，窄卷沿，方唇，鼓腹，平底。腹部长边两侧饰对称兽形环耳。兽顶双角，圆眼，张嘴吐舌，兽身为环形，有尾。素面。口径长 14.3、宽 10.8、腹径长 15.1、宽 12、高 7.3厘米。

Ⅱ式 1件。椭圆形，折沿，对称扁环耳。

标本 M100：2（图八九，3；图版一二，3），椭圆形器身，窄卷沿，尖唇，鼓腹，平底。腹部长边两侧饰对称素扁环耳。素面。口径长 16、宽 10.8、腹径长 17.1、宽 12.5、底径长 6.5、高 7.4厘米。

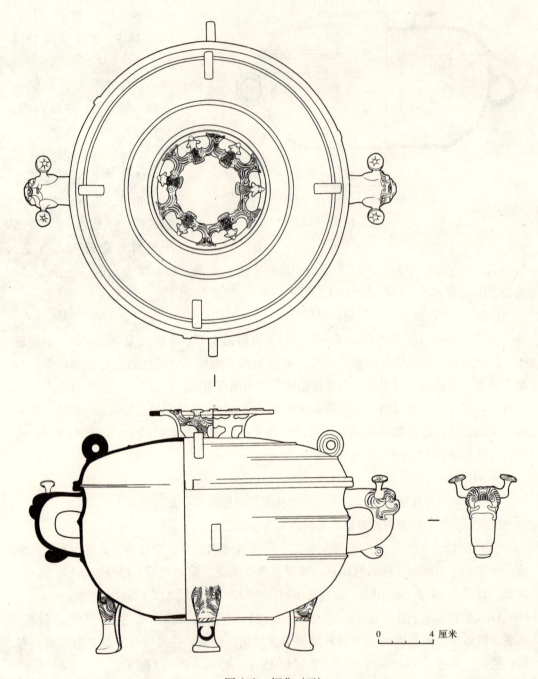

图八八　铜盏（五）
B 型（兴弘 M35：6）

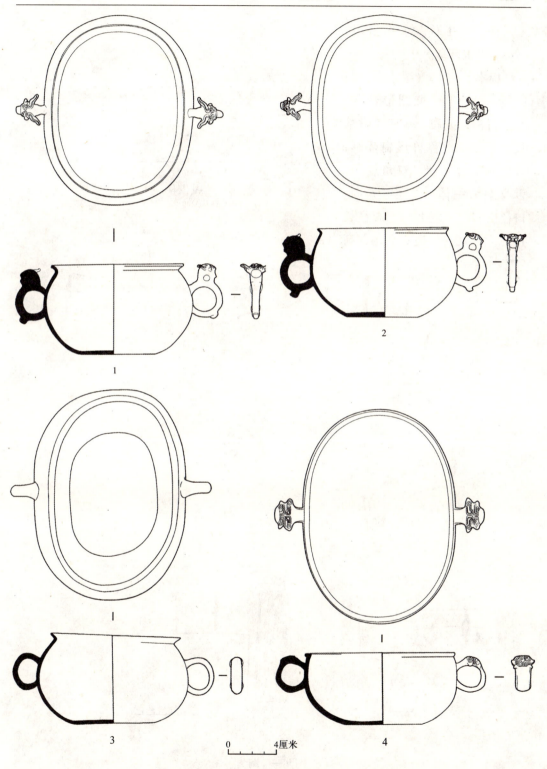

图八九　铜舟

1、2. Ⅰ式（兴弘M42：2、兴弘M121：3）　3. Ⅱ式（兴弘M100：2）　4. Ⅲ式（兴弘M35：5）

Ⅲ式　1件。窄平折沿，
对称兽形扁环耳。

标本 M35∶5（图八九，4；
图版一二，4），椭圆形器身，
窄平折沿，鼓腹，平底。腹部
长边两侧饰对称兽形扁环耳，
兽首亦呈扁平状，双角扁平，
舌身融为一体，无尾。素面。
口径长 17.1、宽 12.4、腹径长
17.5、宽 12.6、底径长 6、高

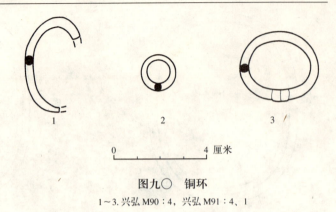

图九〇　铜环

1～3. 兴弘 M90∶4，兴弘 M91∶4、1

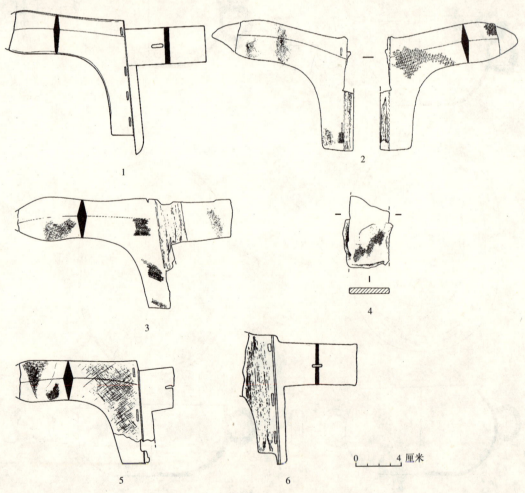

图九一　铜戈

1～6. 兴弘 M100∶3，兴弘 M11∶1，热电 M65∶2，兴弘 M10∶3，兴弘 M19∶1，兴弘 M65∶1

5.9 厘米。

4. 环

3 件。其中一件残甚。

标本 M90:4（图九○，1），残甚。直径 4.4、内径 3.2、截径 0.3 厘米。

标本 M91:4（图九○，2），圆形，器形小。直径 1.5、孔径 1、截径 0.25 厘米。

标本 M91:1（图九○，3），近椭圆形。直径 3.4、孔径 2.7、截径 0.4 厘米。

5. 戈

6 件。均残。

标本 M100:3（图九一，1；彩版一二，5），援的前半部分已残，长胡，胡侧有栏，长方形内。胡上有四个长方形穿，内近中部有一个长方形穿。残长 17.6 厘米。

标本热 M65:2（图九一，3），援的前段、胡的尾端和内已残损。援和胡的两面均有纺织品的附着物，在栏的位置还残存有木头的痕迹，因此可推断，下葬的时候这件戈是装有木杆的。残长 12.5 厘米。

标本 M11:1（图九一，2），援尖及栏尾稍残。援稍上扬，长胡，长方内，因其上附着有纺织品未作处理，故穿的情况不详。通体有纺织品附着物，其上用绳索缠绕捆缚的痕迹清晰可见。内与胡相交处木头的痕迹还在，可见下葬的时候这件戈是装有木杆的。通长 19.1、胡长 5.5、内长 5.3 厘米。

标本 M10:3（图九一，4），仅存残片，有纺织品附着其上。残长 6.1、宽 3.9、厚 0.5 厘米。

标本 M19:1（图九一，5），援尖、胡尾、内端均残，有纺织品附着其上。长 13.8、宽 3.4~3.6、厚 0.1~0.8 厘米。

标本 M65:1（图九一，6），援已残，胡、内保存完好。胡较短，长方形内。胡上有 3 个长方穿，内的正中有 1 个长方形穿。长 11.2、宽 10.1、厚 0.3 厘米。

6. 贝

1 件。

标本 M91:5（图九二），仿贝形。正面弧鼓，背面内凹，中间有齿。长 2.45、宽 1.75、厚 0.1 厘米。

7. 器耳

2 件。

标本热 M6:5，作爬兽形，张嘴，圆眼，蜷耳，躬身，卷尾。

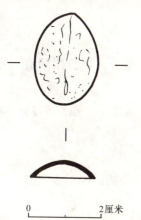

0 ____ 2厘米

图九二　铜贝（兴弘 M91:5）

三　玉　器

共 80 件。器类包括圭、玦、璜、刀、剑首、玉片、玉料等。

1. 圭

19 件，其中 M42:9 碎为 12 块，无法判断器形。其余亦多为残片，故各器的长短多不能确知。均为厚背薄刃，尖首，尾平或略弧，据保存完好者可知有首窄尾阔和首阔尾窄两种不同情况。依据器身的宽窄分为三型。

A 型　6 件。器身最大宽度在 2.5 厘米以上。3 件（M17:1，热 M1:4，热 M34:8）两面中脊凸起，2 件（热 M21:1，热 M34:4）两面皆平，1 件（热 M65:3）一面中脊凸起。

标本热 M21:1（图九三，1；彩版一三，1），两面皆平。长 9.5、宽 2.6 厘米。

标本热 M34:4（图九三，2；彩版一三，2），两面皆平。长 8.65、宽 2.7 厘米。

标本热 M1:4（图九三，9；彩版一三，7），两面起脊。长 25.7、宽 2.7 厘米。

标本热 M65:3（图九三，3），一面起脊。长 9.2、宽 2.6 厘米。

B 型　10 件。器身最大宽度在 2~2.3 厘米之间。一面起脊者 3 件（M3:5，热 M17:1，热 M34:9），两面起脊者 2 件（热 M27:9、10），两面皆平者 5 件。

标本 M3:5（图九三，4；彩版一三，3），一面起脊。长 9.1、宽 2~2.3 厘米。

标本热 M27:10（图九三，5），两面起脊。长 6.6、宽 2.2 厘米。

标本 M100:8（图九三，6；彩版一三，4），残。两面皆平。残长 7.9、宽 2~2.2 厘米。

C 型　2 件。器身最大宽度在 1.8 厘米以下。

标本 M138:5（图九三，7；彩版一三，5），残。两面起脊，器身中间有一小孔。残长 10.6、宽 1~1.2 厘米。

标本 M139:3-1（图九三，8；彩版一三，6），残。两面皆平。残长 8.15、宽 1.6 厘米。

2. 玦

33 件。多为圆形，少量为椭圆形，有孔有缺。依有无纹饰的区别分为两型。

A 型　26 件。素面。依直径大小之别分为二亚型。

Aa 型　16 件。大型，直径 3~4 厘米。厚薄不一，厚的达 0.75 厘米、薄的仅仅 0.1 厘米。

标本 M1:5（图九四，1；彩版一四，1），直径 3.3、孔径 0.65、厚 0.4 厘米。

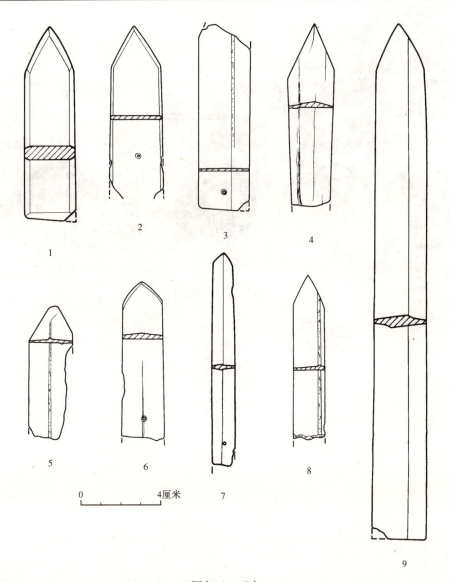

图九三 玉圭

1~3、9. A型（热电 M21：1、热电 M34：4、热电 M65：3、热电 M1：4） 4~6. B型（兴弘 M3：5、
热电 M27：10、兴弘 M100：8） 7、8. C型（兴弘 M138：5、兴弘 M139：3）

标本热 M6:3（图九四，2；彩版一四，2），直径3.4、孔径0.6、厚0.1厘米。

标本 M100:4（图九四，3；彩版一四，3），直径4、孔径0.7、厚0.2~0.3厘米。

Ab型 10件。小型，直径2~2.9厘米。厚薄不一，最厚的M134:2，厚达0.5厘米，其次为热 M2:3，厚0.4厘米，最薄的热 M34:7，厚0.15厘米。

标本 M134:1（图九四，4；彩版一四，4），直径2.7、孔径0.9、厚4.5厘米。

标本热 M34:7（图九四，5；彩版一四，5），直径2.5、孔径0.4、厚0.15厘米。

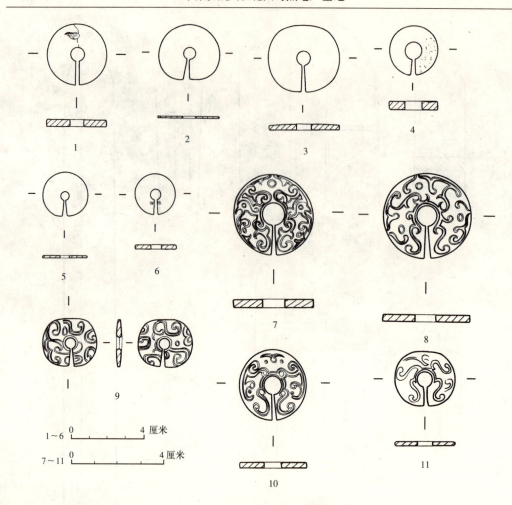

图九四　玉玦

1～3. Aa 型（兴弘 M1：5、热电 M6：3、兴弘 M100：4）　4～6. Ab 型（兴弘 M134：1、热电 M34：7、兴弘 M153：1）

7、8. Ba 型（兴弘 M42：7、兴弘 M138：3）　9～11. Bb 型（兴弘 M5：1、兴弘 M7：2、兴弘 M122：2）

标本 M153：1（图九四，6；彩版一四，6），缺口两侧各有一个小穿孔。直径 2.3、孔径 0.6、厚 0.25 厘米。

B 型　7 件。有纹饰。依据直径分为大小两型。

Ba 型　3 件。大型，直径 3.5～3.8 厘米。皆一面刻有蟠蛇纹。

标本 M42：7（图九四，7；彩版一五，1），直径 3.5、孔径 0.9、厚 0.4 厘米。

标本 M138：3（图九四，8；彩版一五，2），直径 3.8、孔径 0.8、厚 0.3 厘米。

Bb 型　4 件。小型，直径 2～2.9 厘米。一件（M5：1）为椭圆形，双面刻有蟠蛇纹；一件（M7：2）近椭圆形，一面刻有蟠蛇纹；二件为圆形，一面刻有蟠蛇纹。

标本 M5:1（图九四，9；彩版一五，3），直径 2.35、孔径 0.4、厚 0.1~0.2 厘米。

标本 M7:2（图九四，10；彩版一五，4），直径 2.9、孔径 0.7、厚 0.25 厘米。

标本 M122:2（图九四，11；彩版一五，5），直径 2.7、孔径 0.7、厚 0.2 厘米。

3. 玉璜

1 件。近鱼形，一端有孔。

标本 M7:3（图九五，1），长 4.6、宽 0.7~1.5、厚 0.3 厘米。

4. 玉刀

1 件。标本热 M48:11（图九五，2），残，仅存一小段。器身平薄，单面刃。残长 3.4、宽 2.1、厚 0.15 厘米。

5. 剑首

3 件。略呈截锥体，一端有圆形穿孔。

标本热 M34:5（图九五，3），底径 2.5、顶径 2.7、高 2.6 厘米。

6. 玉片

14 件。保存完好者皆长方形，四角有孔。分两型。

A 型　4 件。直边无齿。

标本热 M3:7（图九五，4；彩版一三，8），长 3.1、宽 2.4 厘米。

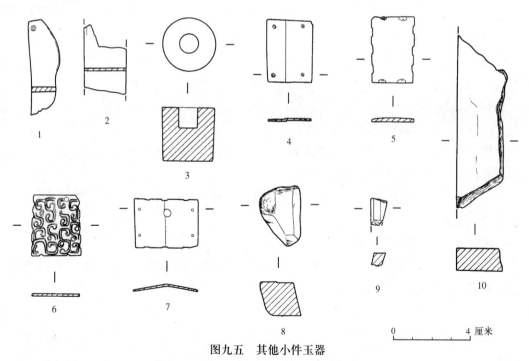

图九五　其他小件玉器

1.玉璜（兴弘 M7:3）　2.玉刀（热电 M48:11）　3.玉剑首（热电 M34:5）　4.玉片 A 型（热电 M3:7）　5、6.玉片 Ba 型（兴弘 M100:7-1、兴弘 M17:8）　7.玉片 Bb 型（热电 M48:7）　8~10.玉料（兴弘 M34:8、兴弘 M39:5、热电 M34:10）

B型　10件。直边有齿。分为二亚型。

Ba型　8件。器身平。其中4件素面，另有4件（M17:4、5、7、8）一面刻有蟠蛇纹。

标本 M100:7-1（图九五，5；彩版一三，9），素面，长3.3、宽2.3、厚0.1～0.2厘米。

标本 M17:8（图九五，6；彩版一三，10），一面刻有蟠蛇纹。长3、宽2.5厘米。

Bb型　2件。器身呈两面坡状。

标本热 M48:7（图九五，7），长3.3、宽2.4厘米。

7. 玉料

9块。标本 M34:8，M39:5，热 M34:10～16。

标本 M34:8（图九五，8），长3、宽2.1、厚1.7厘米。

标本 M39:5（图九五，9），残长1.35、宽0.8、厚0.65厘米。

标本热 M34:10（图九五，10），长6.3、宽2.2、厚0.1～0.2厘米。

四　骨　器

骨器共28件，器类包括簪、针、锥、觽、环、骨片、骨料等。

1. 簪

4件。分两型。

A型　3件。截面呈圆形。

标本 M138:2（图九六，1；彩版一六，1），簪管微弧，粗细一致，头端磨尖，尾端平齐。长11.6、截径0.5厘米。

标本 M34:4（图九六，4），簪管直，头端磨尖略细，尾端略粗已残。残长4.4、最大截径0.3厘米。

B型　1件。截面呈方形。

标本 M90:1（图九六，2；彩版一六，5），簪管直，头细尾粗，尖略残。在器身中部偏尾端的部位有一个穿孔。残长10.2、头端边长0.25、尾端边长0.5厘米。

2. 针

1件。标本 M100:9（图九六，5），针尖略损，鼻端已残。残长3.25、最大径0.1厘米。

3. 锥

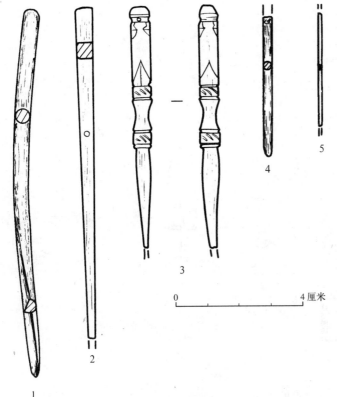

图九六　骨器

1、4.骨簪A型（兴弘 M138：2、兴弘 M34：4）　2.骨簪B型（兴弘 M90：1）

3.骨锥（兴弘 M90：2）　5.骨针（兴弘 M100：9）

1件。标本 M90：2（图九六，3；彩版一六，4），锥身磨制成方形。柄分两段，前段磨制成腰鼓形，两端各饰一周短线纹；后段又分两段，前段柱形，出四角，后段两个相叠的顶，中间有一小穿孔。长 6.85 厘米。

4. 觿

2件。略呈"S"形，一端尖锐，一端宽平。

标本 M55：2－1（图九七，1；彩版一六，2），长 4.1、最宽处 2.25 厘米。

5. 环

10 枚，其中 6 枚完整，4 枚略残。器形小。

标本 M100：6－1（图九七，6），直径 0.8、孔径 0.35、厚 0.2 厘米。

6. 骨片

6件。均略呈长方形。

标本 M55：2－3（图九七，2），两端各有两道刻划凹槽。长 3.8、宽 2.1 厘米。

标本 M55：2－4（图九七，3），长 3.5、宽 1 厘米。

7. 骨料

4件。

标本热 M51：6（图九七，8），截取的一段肢骨。孔径 2.4、长 4.4～5、宽 2～2.6 厘米。

标本 M67：1（图九七，5），直径 2.6～2.8、长 2 厘米。

标本 M67：2（图九七，4），直径 2.65～2.75、长 2.1 厘米。

标本 M111：1（图九七，7；彩版一六，3），长 5、宽 0.9～1.5、厚 1.1 厘米。

另出兽牙 5 件。

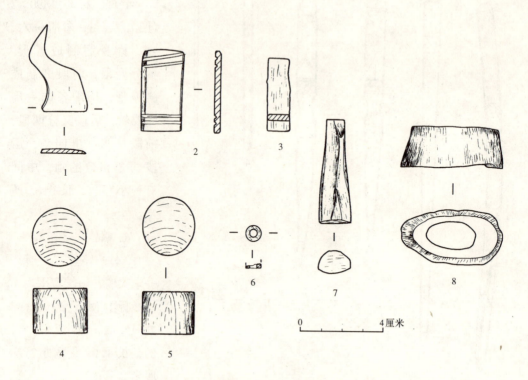

图九七　其他小件骨器

1.骨觿（兴弘 M55：2-1）　2、3.骨片（兴弘 M55：2-3、4）　4、5、7、8.骨料（兴弘 M67：2、1，兴弘 M111：1，热电 M51：6）　6.骨环（兴弘 M100：6-1）

五　蚌　器

　　蚌器器形包括圭、刀、贝、珠等，其中圭、刀、珠共13件，蚌仿贝多破碎而无法计数，完整者3件。此外少数墓葬还出蚌壳，但均因破碎而无法计数。

　　1.圭

　　2件。

　　标本 M55：1（图九八，1），器身近平。残长8.3、宽2.8～3.3、厚0.2～0.65厘米。

　　标本热 M39：1（图九八，2），残。两面起脊，器身有对穿的小孔。残长7.55、宽2.2～2.3、厚0.2～0.6厘米。

　　2.刀

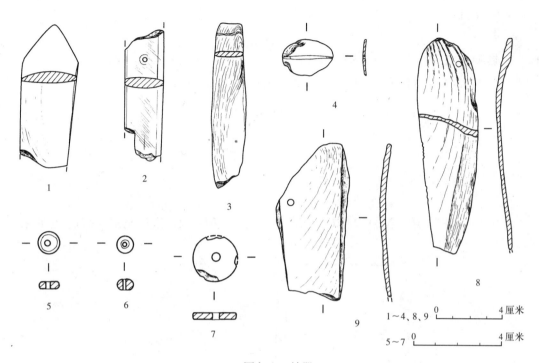

图九八 蚌器

1、2.蚌圭（兴弘M55：1、热电M39：1） 3.蚌刀（兴弘M36：1） 4.蚌贝（兴弘M65：2-1）
5~7.蚌珠（兴弘M91：3-1、3、4） 8、9.蚌壳（热电M21：2-2、3-1）

1件。

标本M36:1（图九八，3），弧刃，背厚刃薄，柄端近平。长9.4、宽1.3~2.1厘米。

3．贝

多残损，数量不详，保存完好者3件，系以蚌壳磨制成贝形，器身平，正面中部有槽，背面有齿。标本M65:2，若干件，保存完好者3件。

标本M65:2-1（图九八，4），长2、宽3厘米。

4．珠

10枚。算珠状。一枚体型较大，其余九枚较小，但大小亦略有不同，直径在0.8至1厘米之间。

标本M91:3-1（图九八，5），直径1、孔径0.2、厚0.35厘米。

标本M91:3-3（图九八，6），直径0.8、孔径0.1、厚0.5厘米。

标本M91:3-4（图九八，7），器体上下均剥落，呈扁平的璧状。直径2、孔径0.3、厚0.3厘米。

5. 蚌壳

若干。

热 M21:2-2（图九八，8），长 12.25、宽 3.55、厚 0.1~0.4 厘米。

热 M21:3-1（图九八，9），长 9.1、宽 1.1~4.1、厚 0.2~0.3 厘米。

六　石　器

砺石　1件。标本 M34:9（图九九，1），残。仅剩一角。残长5.3、残宽5.2厘米。

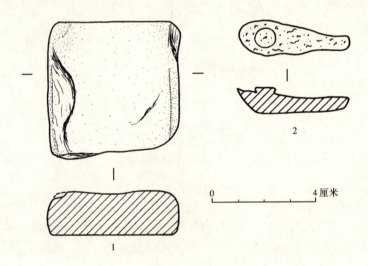

图九九　石器与铁器

1. 砺石（兴弘 M34:9）　2. 铁带钩（兴弘 M154:3）

七　铁　器

带钩　1件。标本 M154:3（图九九，2），钩端已残，作琵琶形。残长 4.35 厘米。

第四章　器物组合

兴弘花园墓地共清理两周时期墓葬 151 座，随葬有陶铜器皿的 75 座（其中 M100 所出陶鼎及 M102 中陶盘残损，未能复原），只出土铜兵器（戈）、小铜器（环、残片等）、玉器、骨器、蚌器及纺轮等小器物的 16 座。热电厂墓地共清理两周时期墓葬 63 座，其中随葬陶铜器皿的 29 座，只出土上述各类小器物的 5 座。

在两个墓地总计 104 座出土陶铜器皿的墓葬中，有下列三种情况：

第一种：只出陶器的墓葬，共 97 座。有 M1①、M2、M3①、M4、M6、M8、M9、M10②、M11②、M13①、M16、M18、M19②、M21、M22、M24、M25、M27、M28、M29、M30、M31、M37、M38、M39①、M40①、M41、M45、M46、M51、M52、M53、M54、M55③、M56、M57、M60、M62、M63、M69、M71、M73、M74、M92、M96、M99、M102、M103、M104①、M105、M106①、M112、M113、M120、M123、M124、M125、M126、M127、M128、M129、M133、M139①、M140、M143、M145、M146、M148、M151、M152、M154⑥、热 M2①、热 M3①、热 M5、热 M14、热 M15、热 M23、热 M24、热 M25、热 M27①、热 M31、热 M32、热 M33、热M34①、热 M35、热 M37、热 M38、热 M41、热 M42、热 M43、热 M45①、热 M46、热 M48④、热 M51⑤、热 M53、热 M56、热 M59。

第二种：只出铜器的墓葬，1 座。M121。

第三种：陶器与铜器同出的墓葬，共 6 座。有 M35①、M42①、M100②④、热 M1①、热 M6①、热 M40①。其中 M100 中出土陶鼎残损，未能复原。

说明：

① 同时出玉器。

② 同时出铜戈。

③ 同时出骨饰和蚌饰。

④ 同时出玉、骨器。

⑤ 同时出骨料。

⑥ 同时出铁带钩。

一　陶器组合

　　两处墓地出土陶质器皿共 103 座，其中单纯出陶器的墓葬 77 座，有铜器及玉器同出的 5 座，有铜器、玉器、骨器同出的 1 座，有铜器同出的 1 座，有铁带钩同出的 1 座，有玉器同出的 13 座，有铜兵器戈同出的 3 座，有骨器、蚌器同出的 1 座，有玉器、骨器同出的 1 座，与骨料同出的 1 座。上述墓葬呈现出来的器物组合包括以下 36 种。

　　1.鬲、盂、罐、豆

　　共 22 座。M18、M29、M30、M31、M41、M51、M52、M54、M57、M60、M103、M120（盗）、M125、M127、M143（盗）、M148，热 M5、热 M23、热 M24、热 M25（盗）、热 M31（盗）、热 M51。

　　2.鬲、罐、豆

　　共 3 座。M4、M55、M146（盗）。

　　3.鬲、盂、豆

　　共 27 座。M1（盗）、M2（盗）、M3、M8、M9（盗）、M11（盗）、M27（盗）、M28、M39、M45、M53、M63、M71、M92、M96、M99、M112、M113、M123、M129（盗）、M133、M145、M152、热 M14（盗）、热 M15、热 M32（盗）、热 M56。

　　4.鬲、盂、罐

　　共 2 座。热 M35、热 M46。

　　5.鬲、盂

　　共 3 座。M56、M140、M151（盗）。

　　6.鬲、豆

　　共 2 座。M37（盗）、M106。

　　7.盂、豆

　　共 4 座。M38、M74、M128、热 M53（盗）。

　　8.鬲

　　共 3 座。M21（盗）、热 M41（盗）、热 M59。

　　9.盂

　　1 座。M124（盗）。

　　10.高领罐

　　1 座。M73。

11．豆

共6座。M40（盗）、M104、M105、M126、热M38（盗）、热M42（盗）。

12．簋、豆、高领罐

1座。M25。

13．鬲、盂、豆、高领罐

1座。M62（盗）。

14．盂、罐、豆、高领罐

1座。M6。

15．鼎、盏、罍

共2座。M13、M69。

16．鼎、盏、盘

1座。M16。

17．鼎、盏、匜

1座。M19（盗）。

18．鼎、盏、簋、盘

1座。热M3。

19．鼎、盏

1座。M10（盗）。

20．罍、舟

1座。M139（盗）。

21．盘、匜

1座。热M45（盗）。

22．尊

共2座。M24（盗）、热M43（盗）。

23．盘

1座。M102（盗）。

24．舟

1座。热M33（盗）。

25．壶、钵

1座。M154。

26．鬲、盂、豆、鼎、尊

共2座。热M27、热M37（盗）。

27．鬲、盂、豆、尊

共 2 座。M22（盗）、热 M48。

28．盂、豆、高领罐、壶

1 座。M46。

29．盂、尊

1 座。热 M34（盗）。

30．盂、盘

1 座。热 M2。

31．盂、高领罐加铜鼎

1 座。热 M1。

32．罐、豆加铜鼎、铜盏、铜舟

1 座。M42。

33．鼎、罍、盘、匜加铜盏、铜舟

1 座。热 M40。

34．罍、盘、匜加铜鼎、铜盏、铜舟

1 座。M35。

35．鼎加铜盏、铜舟。

1 座。M100。

36．尊、盆加铜器

1 座。热 M6（盗）。

以上 36 种随葬器物组合，可以分为六组。

第一组　日用陶器组合

包括上述第 1~14 种组合，共 77 座。此组是这一批墓葬中最普遍的随葬品组合，占出土陶质器皿墓葬总数的 74.76％。可细分为三类：

第一类，基本的核心组合为鬲、盂、罐、豆。其中以鬲、盂、罐、豆（22 座，28.57％），鬲、盂、豆（27 座，35.06％）等两种组合情况最多，其次有鬲、罐、豆（3 座），鬲、盂、罐（2 座），鬲、盂（3 座），鬲、豆（2 座），盂、豆（4 座），鬲（3 座），盂（1 座），高领罐（1 座），豆（6 座）等少量器类不完整的组合形式。

上述器类不全的墓葬，有的是因为被盗扰，也有一部分未发现明显的盗扰痕迹。因此可以认为这些组合一般都是其原始的组合形式，只是产生这些差别的原因我们还不清楚。

第二类，鬲、盂、豆、高领罐或盂、罐、豆、高领罐的组合，各 1 座。

第三类，豆、高领罐、簋的组合。此类组合仅 1 座。

第二组　仿铜陶器组合

包括上述第 15~24 种组合，共 12 座。

以鼎、盏为核心，加上罍、簠、舟、盘、匜等，但组合并不齐全，其中有六种以上的组合形式因墓葬被盗而不能确信为完整。从未被盗扰的墓葬分析，此种组合不全的情况似为其本来面貌。

第三组　日用陶器加仿铜陶器组合

包括上述第 25~30 种组合，共 8 座。以鬲、盂、豆等加仿铜陶礼器的鼎、壶、尊、盘等，器类不完整。因墓葬多被盗扰，不能确证其完整组合形式。

第四组　日用陶器加铜礼器

包括上述第 31~32 种组合，共 2 座。

第五组　仿铜陶器加铜礼器

包括上述第 33~35 种组合，共 3 座。

第六组　日用陶器、仿铜陶器加铜礼器

包括上述第 36 种组合，仅 1 座。

各种器物组合所处时期见表一。

二　铜器组合

兴弘花园和热电厂墓地出铜器的墓葬共 17 座。其中：

出铜器皿的 6 座：M35、M42、M100、M121、热 M1、热 M40。

只出铜兵器戈的 5 座：M10、M11、M19、M65、热 M65。

只出小铜器的 2 座：M90（环）、M91（环、贝）。

被盗而仅见铜片或足、耳等部件的 4 座：M17、M34、M138、热 M6。

出铜器皿的墓葬共 6 座，以铜鼎、铜盏和铜舟为核心组合，多数再配以日用陶器或其他种类的仿铜陶礼器。搭配仿铜陶礼器者，完整的组合应当是铜、陶礼器一起构成鼎、盏、罍、舟、盘、匜的组合。据其组合形式分为两组。

第一组　只出铜器皿

1 座，M121，被盗，出铜鼎、铜盏、铜舟。

第二组　与陶器共出

此组可细分为二类。

第一类　与日用陶器同出

共 2 座，M42、热 M1。此类墓葬所出日用陶器种类皆不完整，较为随意。其时代属于春秋早、中期。

第二类　与仿铜陶礼器同出

共3座。此类墓葬以铜鼎、铜盏、铜舟为核心，一般由铜、陶礼器一起构成鼎、盏、罍、舟、盘、匜的组合。其中出铜鼎、铜盏、铜舟的1座（M35），出铜盏、铜舟的2座（M100、热M40）。其时代属春秋晚期至战国中期。

表一　器物组合各期分布表

期别 / 组合	第一期	第二期	第三期	第四期	第五期	第六期	第七期	第八期	第九期
鬲、盂、罐、豆	1	3（盗1）	3（盗2）	4	3	3	4（盗1）	1	
鬲、盂、豆			2（盗1）	4（盗1）	7（盗2）	5（盗2）	9（盗2）		
鬲、罐、豆		2		1（盗）					
鬲、盂、罐	1			1					
鬲、盂				2			1（盗）		
鬲、豆				1（盗）		1			
盂、豆		2	1（盗）	1					
鬲		1		1（盗）	1（盗）				
盂							1（盗）		
高领罐									1
豆		1	1（盗）	2（盗1）		1	1（盗）		
簋、豆、高领罐		1							
鬲、盂、豆、高领罐						1（盗）			
盂、罐、豆、高领罐		1							
鼎、盏、罍						1	1		
鼎、盏、盘						1			
鼎、盏、匜							1（盗）		
鼎、盏、簋、盘							1		
鼎、盏					1（盗）				
罍、舟						1（盗）			
盘、匜					1（盗）				
尊							2（盗2）		
盘									
舟						1（盗）			
壶、钵									1

（续表）

期别\组合	第一期	第二期	第三期	第四期	第五期	第六期	第七期	第八期	第九期
鬲、盂、豆、鼎、尊							2（盗1）		
鬲、盂、豆、尊					1（盗）	1			
盂、豆、高领罐、壶									1
盂、尊							1（盗）		
盂、盘							1		
盂、高领罐、铜鼎			1						
罐、豆、铜鼎、铜盏、铜舟				1					
鼎、罍、盘、匜、铜盏、铜舟					1				
罍、盘、匜、铜鼎、铜盏、铜舟						1			
鼎、铜盏、铜舟					1				
尊、盆、铜器							1（盗）		

第五章 分期与年代

郑韩故城兴弘花园与热电厂墓地共清理两周时期墓葬214座，其中出土陶铜器皿的墓葬104座，只出土铜兵器（戈）、小铜器（环、残片等）、玉器、骨器、蚌器及纺轮等小器物的21座（含出骨料者）。不出土任何随葬品的墓葬89座。因此，能够参与分期的墓葬只有出土陶铜器皿的103座。M102仅出土一件残陶盘，无法复原，故未能参与分期。

由于新郑及其附近地区相关考古资料的公布在数量及质量上均有不足，而新郑地区出土的东周时期的材料又有强烈的地区特征，因而在其他地区难以找到对应的材料。鉴于这种状况，本报告对这一批墓葬材料的分期与年代判断，主要是基于材料本身的特点。以下是我们对墓葬分期与年代判定的主要原则和思路：

一、两处墓地墓葬之间的打破关系虽有十余组，但是非常遗憾的是，打破与被打破的墓葬中，要么有一方为空墓，要么两方皆为空墓，对于我们的分析毫无价值。因此完全无法利用墓葬间的打破关系进行分期及相对年代的判断。

二、两个墓地所出铜器虽然不多，主要为鼎、盏、舟等核心器类，但可资比照的材料相对比较丰富而且可靠性也较大，因此，这一批铜器墓葬的年代可以作出相对准确的判定。由于出铜器的墓葬大多有陶器共出，因此可以借助于它们对某些陶器器类的年代进行推定，验证我们对陶器各器类发展链条推论的可靠性。

三、仿铜陶礼器中鼎、蠹的年代推定相对比较可信，它们也可以用来对日用陶器的分析进行验证。

四、对于日用陶器，目前可资比较的材料几乎都集中在西周晚期至两周之际这个阶段，其他时段只是偶有零散材料可供参照。我们首先建立起各器类的逻辑发展链条，利用西周晚期至两周之际材料较多的条件，确定各器类发展链条一端较为准确的起始年代，然后对链条的各个环节进行年代推断，并利用伴出的铜器、仿铜陶器以及其他地区出土较为可信的材料进行比照，对我们建立起来的器物发展链条的某些环节进行验证，进而确定整个器物发展链条的可靠性。

五、由于日用陶器中豆和鬲（尤其是豆）的变化节奏鲜明，演变序列清晰、完整，因此我们首先建立起它们的发展链条，然后利用它们对其他日用陶器的演变序列进行校正。

六、在上述分析的基础上，结合各器类型式之间的组合关系，将所有出土陶铜器皿的墓葬进行统一的分期，并建立起相对完整的年代框架。

一　主要器类分析

兴弘花园与热电厂墓地出土陶器的主要器类为日用陶器的鬲、盂、罐、豆，仿铜陶礼器的鼎、盏、罍。铜器的主要器类为鼎、盏、舟。下面我们结合第三章的内容对这几种主要器类进行分析，为后面的分期断代提供依据。

1. 铜鼎

铜鼎共分 A、B 两型，A 型为立耳鼎，分两式。B 型为附耳鼎。

AⅠ式鼎所表现出来的形态特征，与各地出土的此类春秋早期遗物都非常相近。例如，洛阳中州路 M2415 所出Ⅰ式鼎与 AⅠ式鼎形态相同，其年代属春秋早期[①]；河南潢川庙子岗所出铜鼎与 AⅠ式鼎相近，其年代定在春秋早期[②]；河南南阳西关煤场古墓所出Ⅰ式铜鼎与 AⅠ式鼎相似，其年代定在春秋早中期[③]；河南桐柏月河 M1 所出铜鼎亦与 AⅠ式鼎相似，但报告所定年代为春秋晚期早段，似偏晚[④]。

B 型铜鼎，深腹，圜底，附耳，与之特征相似的同类材料，其年代多属春秋晚期。例如，河南新郑李家村 M1 所出铜鼎，与 B 型鼎相近而腹略浅，其年代定在春秋晚期[⑤]；河南洛阳春秋墓 M60 所出 7 号铜鼎形态与 B 型鼎相近，其年代定在春秋晚期[⑥]；河南洛阳中州路北 M535 所出铜鼎形态与 B 型鼎相近而腹部较浅，其年代定在春秋晚期至战国早期[⑦]；河南尉氏县河东周村出土的Ⅰ式铜鼎形态与 B 型鼎相近，年代定在春秋中晚期[⑧]；河南潢川高稻场出土的铜鼎，深腹圜底的特征与 B 型鼎相同，但三足外撇，其年代大体定在春秋晚期至战国早期[⑨]；南阳西关八一路 M40 所出铜鼎与 B 型鼎形态

---

① 中国科学院考古研究所：《洛阳中州路》第 87～92 页文，图版肆伍，科学出版社 1959 年。
② 郑杰祥、张亚夫：《河南潢川县发现一批青铜器》，《文物》1979 年第 9 期。
③ 王儒林、崔庆明：《南阳市西关出土一批春秋青铜器》，《中原文物》1982 年第 1 期。
④ 南阳市文物研究所等：《桐柏月河一号春秋墓发掘简报》，《中原文物》1997 年第 4 期。
⑤ 河南省文物研究所新郑工作站：《河南新郑李家村发现春秋墓》，《考古》1983 年第 8 期。
⑥ 洛阳博物馆：《河南洛阳春秋墓》，《考古》1981 年第 1 期。
⑦ 中国社会科学院考古研究所洛阳唐城队：《河南洛阳中州路北东周墓葬的清理》，《考古》2002 年第 1 期。
⑧ 陈立信：《尉氏出土一批春秋时期青铜器》，载张松林：《郑州文物考古与研究（一）》第 610～614 页，科学出版社 2003 年。
⑨ 信阳地区文管会等：《河南潢川县发现黄国和蔡国铜器》，《文物》1980 年第 1 期。

相近，其年代定在春秋晚期[①]；山西临猗程村 Cc 型鼎及 M1072 所出特型鼎器盖捉手造型与 B 型鼎相同，M1072 所出特型鼎足部纹饰与 B 型鼎相似，M1119 所出 Cc 型鼎深腹圜底的特征亦与 B 型鼎相同。它们的年代都定在春秋晚期[②]。

通过以上分析，我们将 AⅠ式鼎的年代大致定在春秋早期，将 B 型鼎的年代定在春秋晚期，AⅡ式鼎的年代介于之间。（表二）

表二　铜鼎各期分布表

期别 型、式	第一期	第二期	第三期	第四期	第五期	第六期	第七期	第八期	第九期
AⅠ式			1（1）	1（1）					
AⅡ式				1（1）					
B 型						1（1）			

说明：括弧前数字为器物件数，括弧内数字为出土墓数。（以下皆同）

2. 铜盏

铜盏分 A、B 两型。A 型为平底，又分三式。B 型有三足。

各地所出同 A 型Ⅰ、Ⅱ式铜盏形态相近的器物年代一般定在春秋中、晚期。例如，河南陕县东周墓 M2061 所出Ⅰ型簋与 A 型Ⅰ、Ⅱ式盏形态完全相同，报告将其年代定在春秋中晚期[③]；尉氏县河东周村所出平底簋，形态及盖顶纹饰与 A 型Ⅰ、Ⅱ式盏相近，这批铜器的年代定在春秋中晚期[④]。

我们将 AⅠ、Ⅱ式盏的年代定在春秋中期，AⅢ式盏的年代相距不会太远，定在春秋中晚期之际。（表三）

表三　铜盏各期分布表

期别 型、式	第一期	第二期	第三期	第四期	第五期	第六期	第七期	第八期	第九期
AⅠ式				2（2）					
AⅡ式					1（1）				
AⅢ式					1（1）				
B 型							1（1）		

3. 铜舟

铜舟分三式。

---

① 南阳市文物工作队：《南阳市西关三座春秋楚墓发掘简报》，《中原文物》1992 年第 2 期。
② 中国社会科学院考古研究所等：《临猗程村墓地》第 81 页文、图 70，第 83 页图 72，中国大百科全书出版社 2003 年。
③ 中国社会科学院考古研究所：《陕县东周秦汉墓》第 56 页文，第 57 页图四三，科学出版社 1994 年。
④ 陈立信：《尉氏出土一批春秋时期青铜器》，载张松林：《郑州文物考古与研究（一）》第 610～614 页，科学出版社 2003 年。

Ⅰ、Ⅱ式由圆角长方形至椭圆形或圆形的演变规律与山西临猗程村所出铜舟相同。其中Ⅰ式舟与程村 M0003 所出 AⅠ式铜舟完全相同①，程村 M0003 的年代定在春秋晚期晚段；河南洛阳中州路北 M535 所出双耳杯除沿作仰折外，与Ⅲ式舟器形相同，其年代定在春秋晚期至战国早期②。

结合与铜鼎、铜盏共出的情况分析，我们认为Ⅰ式铜舟的年代大致可定在春秋中期，Ⅱ式铜舟的年代属春秋中晚期之际，而Ⅲ式铜舟的年代应在春秋晚期。（表四）

表四　铜舟各期分布表

期别 型、式	第一期	第二期	第三期	第四期	第五期	第六期	第七期	第八期	第九期
Ⅰ式				2（2）					
Ⅱ式					1（1）				
Ⅲ式						1（1）			

铜器形制的演变参见图一〇〇。

4. 陶鼎

陶鼎不分型，有三式。

陶鼎的演变规律清楚，腹由深至浅，底由圜底变成平底。

Ⅰ式鼎深腹圜底的特征，属于东周仿铜陶鼎的早期形态，例如河南洛阳中州路 M212 所出Ⅰ式陶鼎，其深腹圜底的特征便与新郑出土的Ⅰ式陶鼎相同，其年代为春秋中期③。而且Ⅰ式陶鼎与 AⅢ式铜盏同出，其年代大致属于春秋中期的晚段。因此，Ⅰ式鼎的时代可定在春秋中期偏晚阶段。Ⅲ式鼎与各地流行于战国早期的浅腹铜、陶鼎在形态上是相近的，因此其年代当属战国早期。由此，Ⅱ式鼎的年代就可以大致确定在春秋晚期前后。（表五）

表五　陶鼎各期分布表

期别 型、式	第一期	第二期	第三期	第四期	第五期	第六期	第七期	第八期	第九期
Ⅰ式					1（1）				
Ⅱ式						3（3）	1（1）		
Ⅲ式							3（3）		

---

① 中国社会科学院考古研究所等：《临猗程村墓地》第 99 页文，第 101 页图 90，中国大百科全书出版社 2003 年。

② 中国社会科学院考古研究所洛阳唐城队：《河南洛阳中州路北东周墓葬的清理》，《考古》2002 年第 1 期。

③ 中国科学院考古研究所：《洛阳中州路》第 69 页文，第 70 页图四二，科学出版社 1959 年。

5.陶盏

陶盏分 A、B 两型。A 型平底无足。B 型平底有三足。

陶盏皆与陶鼎同出，根据陶鼎的时代，B 型的年代大致应在春秋晚期至战国早期，A 型处于战国早期。（表六）

表六　陶盏各期分布表

期别 型、式	第一期	第二期	第三期	第四期	第五期	第六期	第七期	第八期	第九期
A 型							2 (2)		
B 型						3 (3)	1 (1)		

6.陶罍

陶罍不分型，有三式。

陶罍的形态变化体现在最大径由器中部移至上部，颈由高到矮，肩由圆到弧，腹由鼓到斜。

Ⅰ式罍与Ⅰ、Ⅱ式陶鼎同出，Ⅰ式陶鼎的年代大致可以确定在春秋中期晚段，Ⅱ式陶鼎的年代大致确定在春秋晚期前后，因此，Ⅰ式罍的年代大致可定在春秋中期晚段或春秋中晚期之际。Ⅱ式罍与 B 型铜鼎同出，B 型铜鼎的年代基本上可以确定为春秋晚期，因此，Ⅱ式罍的年代大致应为春秋晚期。Ⅲ式罍据形态的逻辑演变关系晚于Ⅱ式罍，而且与时代较晚的Ⅲ式陶鼎同出，其年代可定在战国早期。（表七）

表七　陶罍各期分布表

期别 型、式	第一期	第二期	第三期	第四期	第五期	第六期	第七期	第八期	第九期
Ⅰ式					2 (1)	1 (1)			
Ⅱ式						3 (2)			
Ⅲ式							1 (1)		

仿铜陶器的形制演变参见图一〇一。

7.陶鬲

陶鬲分为五型。其中 A、B 两型占总数的绝大部分，C、D、E 型只有一两件。A 型鬲为分裆小袋足，有尖足根。根据器物形体的大小分为 Aa、Ab 两亚型，其中 Aa 型器形较小，数量多，Ab 型器形较大，数量少。两亚型除体型大小的区别外，其形态相同，演变规律也是一致的。Aa 型分为七式，Ab 型分为四式。

A 型鬲总的特点是袋足瘦小，有尖足根。总体的变化是折沿由上仰而平而下仰，由厚而薄，由宽而窄，唇由厚圆而方而圆而尖，腹由弧而斜直，足由外张而内聚。具体而言，前三式的沿皆较宽较厚，变化主要表现在沿部的由仰而平，唇的由圆而方；后四式的沿皆较窄而薄，变化主要体现在三足的逐渐内聚。前六式皆为弧腹，第七式演变为斜直腹。

AaⅠ式鬲与河北易县燕下都东沈村六号居址出土西周晚期Ⅰ式弦纹沿鬲相同[1]，与河北邯郸龟台遗址西周晚期陶鬲也基本相同[2]，并且与洛阳王湾AⅠ式鬲相近[3]，而且王湾A型鬲Ⅰ至Ⅳ式的演变规律与新郑Aa型鬲基本一致，其年代大致定在西周晚期至春秋中期。因此，AaⅠ式鬲的年代可以确定在西周晚期。AaⅡ式鬲整体形态与AaⅠ式基本相同，仅器沿略变窄，其年代当与AaⅠ式相近而稍晚，年代大致可定在西周末期。AaⅢ式仅有一件，其形态特征较AaⅠ、AaⅡ式有较大的变化，中间似有缺环而不能完全相继，年代大约在春秋早期偏晚或春秋早中期之际。AaⅣ式继承AaⅢ式而来。自AaⅣ式至AaⅥ式之间变化幅度不大，因此我们将其大致确定在春秋中期、春秋中晚期之际和春秋晚期，AaⅦ式则属战国早期。

B型鬲为分裆大袋足，据足根情况分两亚型，Ba型袋足肥大，无足根，分为三式。Bb型袋足略瘦，足根微显，也分为三式。两亚型的演变规律相同，总体与A型鬲演变规律一致。

沣西张家坡M147所出鬲与BaⅠ式鬲形态相近[4]，大袋足，无足根。该墓属张家坡第五期，年代在西周末至两周之际。但张家坡M147所出陶鬲宽沿折沿，沿面有数道凹弦纹的风格明显要早于BaⅠ式鬲。（说明：此种鬲在《沣西发掘报告》中仅见此一例）山东兖州西吴寺西周晚期H2109所出AⅥ式鬲[5]，其"联裆低近平，袋足圜端"的特征，与新郑BⅠ式鬲几乎完全相同，只是前者为仰折沿而后者平折沿。因此，西吴寺AⅥ式鬲的年代较新郑BⅠ式鬲要早一个时段。参考A型鬲的演变规律，BⅠ式鬲的年代大致应属于春秋早期。B型鬲各式的形态演变彼此相继，其年代亦当依次相承。

新郑蔡庄M35所出陶鼎与热M40所出Ⅰ式鼎在形态和纹饰上都非常相近[6]，仅腹部略浅，这类鼎的年代一般可定在春秋中晚期之际或略晚。而蔡庄M35所出陶鬲与上述AaⅥ式鬲相近，与我们所作AaⅥ式鬲为春秋晚期的推定大致吻合。因此可证明我们对Aa型陶鬲各式的年代推定大致是可信的。（表八、九）

① 河北省文物研究所：《燕下都》第464页文，图二八二，文物出版社1996年。
② 邯郸考古发掘队：《1957年邯郸发掘简报》，《考古》1959年第10期。
③ 北京大学考古文博学院：《洛阳王湾》第120页文，第98页图六五，北京大学出版社2002年。
④ 中国科学院考古研究所：《沣西发掘报告》第122页文，图八六，文物出版社1962年。
⑤ 国家文物局考古领队培训班：《兖州西吴寺》第161页文，图一四九、一五一，文物出版社1990年12月。
⑥ 河南省文物研究所新郑工作站：《新郑县蔡庄东周墓葬发掘简报》，《中原文物》1987年第4期。

表八　A、B 型陶鬲各型式对应关系表

AaⅠ	AaⅡ	AaⅢ	AaⅣ	AaⅤ	AaⅥ	AaⅦ
		AbⅠ		AbⅡ	AbⅢ	AbⅣ
		BaⅠ	BaⅡ		BaⅢ	
		BbⅠ	BbⅡ		BbⅢ	

表九　陶鬲各期分布表

期别 / 型、式	第一期	第二期	第三期	第四期	第五期	第六期	第七期	第八期	第九期
AaⅠ式		5 (5)							
AaⅡ式		1 (1)							
AaⅢ式				1 (1)					
AaⅣ式				5 (5)					
AaⅤ式					6 (6)	4 (4)			
AaⅥ式						1 (1)	5 (5)		
AaⅦ式							8 (8)	1 (1)	
AbⅠ式				1 (1)					
AbⅡ式					2 (2)				
AbⅢ式						2 (2)	1 (1)		
AbⅣ式						1 (1)	1 (1)		
BaⅠ式			1 (1)						
BaⅡ式				4 (4)	1 (1)				
BaⅢ式						1 (1)			
BbⅠ式			2 (2)						
BbⅡ式				1 (1)	1 (1)				
BbⅢ式					2 (2)	2 (2)			
C型	1 (1)								
D型			1 (1)				1 (1)		
E型	1 (1)								

8. 陶豆

　　陶豆分为甲、乙两类，其中甲类为喇叭柄豆，分为 A、B 两型，A 型为弧壁，B 型为折壁，B 型又可分为 Ba 型和 Bb 型两亚型。乙类为直柄豆，亦分为两型，A 型为深腹折盘，B 型为浅腹折盘。由于甲 Ba 型豆占所出土陶豆总数的 70% 以上，而且演变序列

最为完整，因此，甲 Ba 型豆是分析的核心。

甲 Ba 型豆的总体的变化规律是器形由小而大，再由大而小。柄由矮到高，再略变矮。盘心的刻划符号由无到有。盘内壁暗旋纹由粗而疏，到细而密，再到细而圈圈相连；外壁旋纹则由粗或细而间距大，至最后变为三至四道细螺旋纹。器表颜色由黑、褐、红褐等多种到只有本色的灰陶。而其形态上最鲜明、最清晰的变化是豆盘的上部，由近直口到微敞口到侈口，这一阶段一直发展到Ⅳ式，豆盘上部的外壁一般都呈内弧状，自第Ⅴ式开始，上部外壁开始逐渐外弧，并最终形成近口沿部分外鼓，向下渐弧形内收，至近折腹处形成凹槽后，再凸起为肩，使整个豆盘上部的外壁呈"S"状。

甲类豆的其他各型及亚型，虽然在形态特征上略有差异，但总体的演变规律与 Ba 型相同，其各式别也能与 Ba 型各式相对应，故不再详叙。

洛阳王湾 H159 所出 AⅢ式豆与新郑 BaⅡ、BaⅢ式豆非常接近[1]，王湾 AⅢ式豆柄较矮，与 BaⅡ式近，但无箍又与 BaⅢ式豆相似，报告将其时代定为西周末至春秋初；BaⅡ式豆同时也与河北邯郸龟台遗址 H84 所出陶豆相同，其年代大约定在西周后期[2]；辉县孟庄 M56 所出 A 型豆与 BaⅡ式豆相近[3]。张家坡墓地陶豆常见柄部带箍者[4]，所出盘壁饰凹弦纹者也与 AaⅠ式相近。辉县孟庄 M17 所出 C 型豆与新郑所出 AaⅠ式豆相近。综此，甲类各型Ⅰ、Ⅱ式豆的年代当在西周晚期至两周之际。BaⅢ式以下各式豆的逻辑演变规律清晰，各式特征亦较鲜明，只是 BaⅣ式至 BaⅦ式之间变化幅度要小于 BaⅠ式至 BaⅣ式之间的变化，因此时间距离亦应稍短。综此，BaⅢ式豆的年代大致在春秋早期，而 BaⅣ式至 BaⅦ式的年代在春秋中期至战国早期之间。其中 BaⅣ式的年代为春秋中期，BaⅤ式的年代为春秋中晚期之际，BaⅥ式的年代为春秋晚期，而 BaⅦ式的年代属战国早期。

河南洛阳中州路 M124 所出ⅠA式陶豆的形态特征与新郑 AⅣ式豆相同[5]，中州路 M124 的年代属春秋中期，因此 AⅣ式豆的年代亦可大致推定在春秋中期，与我们上述推定相符。新郑 BbⅣ式豆有与 AⅡ式铜鼎、AⅠ式铜盏同出者，其年代可以确定在春秋中期。而 BbⅣ式与 AⅣ式、BaⅣ式在器物形态上为同一发展阶段，因此，BbⅣ式豆亦可大致确定在春秋中期。由此可证我们上述对各型Ⅳ式陶豆年代的推定大致不误。

---

① 北京大学考古文博学院：《洛阳王湾》第 127 页文，图版四二，北京大学出版社 2002 年。
② 邯郸考古发掘队：《1957 年邯郸发掘简报》，《考古》1957 年第 10 期。
③ 河南省文物考古研究所：《辉县孟庄》第 349 页，图二五三，中州古籍出版社 2003 年。
④ 中国科学院考古研究所：《沣西发掘报告》图八六，文物出版社 1962 年；中国社会科学院考古研究所：《张家坡西周墓地》，中国大百科全书出版社 1999 年。
⑤ 中国科学院考古研究所：《洛阳中州路》第 73 页文，图四七，科学出版社 1959 年。

河南新郑唐户春秋二号墓所出陶鼎与兴弘花园 M16 所出Ⅱ式鼎从器形到纹饰都相同[1]，年代大致应在春秋晚期。而唐户春秋二号墓同出的陶豆则与 BaⅥ式豆相同。由此可证我们上述对 BaⅥ式豆年代的推定大致可信。

由上述材料的比对，可以看出我们对甲类喇叭柄豆建立起来的年代序列是大致可信的。（表一〇、一一）

乙类直柄 A 型豆在郑州地区一般与战国中期遗物同出。如：郑州纺织机械厂住宅楼 M6 所出Ⅰ式浅盘豆与乙类直柄 A 型豆相同[2]，与其同出的器物有盖豆，据盖豆的形态判断，其时代当属战国中期。

乙类直柄 B 型豆浅盘、折壁、柱状柄的特征与河南洛阳中州路Ⅱ式无盖豆相同[3]，中州路此式豆共出 6 件，其中第五期 1 墓 1 件，第六期 1 墓 4 件，第七期 1 墓 1 件。年代基本上可确定在战国中期。

因此，乙类直柄豆的年代不晚于战国中期。

表一〇　甲类陶豆各型式对应关系表

AⅠ式	AⅡ式			AⅢ式	AⅣ式	AⅤ式	
BaⅠ式	BaⅡ式		BaⅢ式	BaⅣ式	BaⅤ式	BaⅥ式	BaⅦ式
BbⅠ式	BbⅡ式	BbⅢ式		BbⅣ式			

表一一　甲类陶豆各期分布表

期别 / 组合	第一期	第二期	第三期	第四期	第五期	第六期	第七期	第八期	第九期
AⅠ式	1 (1)								
AⅡ式		2 (1)							
AⅢ式			2 (1)						
AⅣ式			2 (1)	4 (3)					
AⅤ式					4 (2)				
BaⅠ式	1 (1)								
BaⅡ式		7 (7)							
BaⅢ式			6 (4)	1 (1)					

① 开封地区文管会等：《河南省新郑县唐户两周墓葬发掘简报》，《文物资料丛刊》第 2 辑，文物出版社 1978 年。
② 郑州市文物考古研究所：《郑州纺织机械厂战国墓葬发掘简报》，《中原文物》1997 年第 3 期。
③ 中国科学院考古研究所：《洛阳中州路》第 73 页文，图四七，科学出版社 1959 年。

（续表）

期别\组合	第一期	第二期	第三期	第四期	第五期	第六期	第七期	第八期	第九期
BaⅣ式				15（10）					
BaⅤ式				1（1）	17（9）				
BaⅥ式						21（12）	1（1）		
BaⅦ式							30（16）		
BaⅧ式								2（1）	
BbⅠ式		1（1）							
BbⅡ式		2（2）							
BbⅢ式			2（1）						
BbⅣ式				4（3）					

9. 陶盂

两墓地所出陶盂分为两型。A 型为折腹，B 型为鼓腹或弧腹。A 型盂又分两亚型，Aa 型腹部锐折，折棱规整凸出。Ab 型腹部弧折，折棱一般不太凸出，有的还不规整。

A 型盂总的演变规律是沿由宽变窄，由厚变薄，由仰折至平折。更为清晰的一条线索是腹上部所饰凹弦纹，由四道变为两道，再变为一道，最后消失。

B 型盂出现的时代总体较 A 型盂晚。

新郑 AbⅠ式盂与张家坡 M157、M453 所出盂相近[1]，前者在报告中定为第三期，时间属西周晚期偏早（穆王以后），后者属第四期，年代大约在西周晚期偏晚；与张家坡西周墓地所出Ⅰa 式盂相近[2]，张家坡Ⅰa 式盂流行于西周晚期；AbⅠ式盂还与洛阳王湾周代第一期 H53 所出 AⅠ式细泥盆形状相同[3]，时代约当西周晚期。因此，AbⅠ式盂的年代基本可确定为西周晚期。AbⅡ式器形轻巧，平折沿的风格与 AbⅠ式之间有缺环，但其折沿较宽的特征显示出其年代不会太晚，大致可定在春秋早期晚段。AbⅡ式以下至 AbⅥ式大致各相差一个期段的时间。

AaⅠ式盂仅一件，宽仰折沿的风格接近 AbⅠ式，但其折沿近平而薄，器形也不似西周晚期厚重而显较巧，年代大致应在春秋早期前段。AaⅠ式至 AaⅣ式之间器物形态之间的距离略小，其年代大致在春秋早期晚段至春秋中晚期之际。AaⅤ式的年代则大

①　中国科学院考古研究所：《沣西发掘报告》第 123 页文，图八六，文物出版社 1962 年。
②　中国社会科学院考古研究所：《张家坡西周墓地》第 115 页图 88，中国大百科全书出版社 1999 年。
③　北京大学考古文博学院：《洛阳王湾》第 124 页文，第 98 页图六五，北京大学出版社 2002 年。

致属春秋晚期。

AbⅡ式盂有与AⅠ式铜鼎同出者，AⅠ式铜鼎属春秋早期，因此上述AbⅡ式盂年代属春秋早期晚段的推定大体可行。

B型盂年代的确定，主要依据包含两个方面：其一，B型盂无凹弦纹装饰，故其出现的时代应大致与A型盂中凹弦纹消失的式别相当；其二，B型盂多与鬲、豆共出，其相对年代可以参照推定。据此而确定BⅠ式至BⅣ式盂的年代范围大致在春秋晚期至战国中期。（表一二、一三）

表一二　陶盂各型式对应关系表

	AaⅠ	AaⅡ式	AaⅢ式	AaⅣ式	AaⅤa式	AaⅤb式		
AbⅠ式		AbⅡ式		AbⅢ式		AbⅣ式	AbⅤ式	AbⅥ式
						BⅠ、Ⅱ式	BⅢ式	BⅣ式

表一三　陶盂各期分布表

期别 组合	第一期	第二期	第三期	第四期	第五期	第六期	第七期	第八期	第九期
AaⅠ式	1 (1)								
AaⅡ式			3 (3)	4 (4)					
AaⅢ式				3 (3)					
AaⅣ式				4 (4)	5 (5)	3 (3)			
AaⅤa式						2 (2)	6 (6)		
AaⅤb式						3 (3)	5 (5)		
AbⅠ式	2 (2)								
AbⅡ式		5 (5)							
AbⅢ式			2 (2)						
AbⅣ式			1 (1)		2 (2)				
AbⅤ式					4 (4)				
AbⅥ式							3 (3)	1 (1)	
BⅠ式						1 (1)			
BⅡ式						1 (1)			
BⅢa式							3 (3)		
BⅢb式							1 (1)		
BⅣ式									1 (1)

10. 陶罐

陶罐分两型。A 型最大径接近器腹上部，B 型最大径接近器腹中部。A、B 两型的演变规律基本一致，主要表现在纹饰上，一般是由两至三道凹弦纹演变为一道凹弦纹，到最后弦纹消失。这一点与盂的变化是相同的。

新郑 AI 式罐与河南辉县孟庄西周墓 M17 所出 AXⅢ式罐形态相近[1]。张家坡西周墓地所出 BⅪa 式罐与新郑 BI 式罐形态接近[2]，唯 BI 式罐无弦纹。张家坡共出 BⅪa 式罐 42 件，其中墓葬登记表中有 40 件，此式罐开始出现于该墓地第二期，时代约当西周昭穆时期，一直延续至第五期，时代约当西周末至两周之际。据此，AI、BI 式罐的年代可定在西周晚期。AII 式罐与 AI 式罐的形态特征相近，年代大约为春秋早期。另外，AII 式罐有与 AII 式铜鼎、AI 式铜盏同出者，说明它们的年代可以延续至春秋中期。AIII 式罐单凹弦纹的特征与盂的演变规律相似，大致属春秋中期。AIV 式罐形态与 AIII 式罐相差较大，年代大致属春秋晚期。B 型罐的情况与 A 型罐大体相近。（表一四、一五）

表一四　陶罐各型式对应关系表

	AI式	AII式	AIII式	AIV式
BI式	BII式	BIII式	BIV式	BV式

表一五　陶罐各期分布表

期别 / 型、式	第一期	第二期	第三期	第四期	第五期	第六期	第七期	第八期	第九期
AI式	1 (1)	2 (2)							
AII式			2 (2)	4 (3)	1 (1)				
AIII式				7 (4)	1 (1)	1 (1)			
AIV式						1 (1)	2 (2)		
BI式	1 (1)	1 (1)							
BII式		3 (3)	1 (1)						
BIII式				2 (2)					

① 河南省文物考古研究所：《辉县孟庄》，中州古籍出版社 2003 年。

② 中国社会科学院考古研究所：《张家坡西周墓地》第 121 页图 91，第 122 页图 92，中国大百科全书出版社 1999 年。

（续表）

期　别 型、式	第一期	第二期	第三期	第四期	第五期	第六期	第七期	第八期	第九期
BⅣ式					1 (1)				
BV式							2 (2)	1 (1)	

日用陶器形制的演变参见图一〇二、一〇三。

二　墓葬分期与年代

在对上述陶、铜器各主要器类进行年代分析的基础上，结合它们彼此之间的组合关系，我们尝试对103座（M102不包括在内）出土陶铜器皿的墓葬进行整体的分期，并作出年代上的判断。需要说明的是，由于材料所限，目前所作分期还只是大概的轮廓，而且各期所列墓葬在同时期内或者早晚上还略有差别。比如说我们在前面论证了Aa Ⅰ式鬲属于西周晚期，而Aa Ⅱ式鬲属于西周末期，但在下面的分期中，它们都被放在了第二期；Aa Ⅲ式鬲论证的年代为春秋早期偏晚或春秋早中期之际，但在下面的分期中被放在了第三期，等等。这些主要都是由于本身的资料所限，我们在此不再细分，希望留待有更多材料以后再行补充。

第一期　本期的器型有C、E型鬲，AbⅠ式盂，A Ⅰ、B Ⅰ b式罐，甲类A Ⅰ、Ba Ⅰ式豆。陶器器物组合有第一组的第1、4种。属于此期的墓葬共有2座，包括M18，热M35。此期的年代可以定在西周晚期偏早阶段。

第二期　本期新出现的器型有Aa Ⅰ、Aa Ⅱ式陶鬲，异型盂，B Ⅰ a、B Ⅱ式罐，甲类A Ⅱ、Ba Ⅱ、Bb Ⅰ、Bb Ⅱ式豆，Ⅰ、Ⅱ式高领罐，簋。前期出现、延续至本期的器型有Ab Ⅰ式盂，A Ⅰ式罐。陶器器物组合有第一组的第1（3座）、2（2座）、7（2座）、8、11、12、14种。属于此期的墓葬共有11座，包括M4、M6、M25、M55、M74、M104、M120、M127、M128，热M23、热M59。此期的年代可以定在西周晚期偏晚阶段。

第三期　本期新出现的器型有Ba Ⅰ、Bb Ⅰ式、D型鬲，Aa Ⅰ、Aa Ⅱ、Ab Ⅱ、Ab Ⅲ式盂，A Ⅱ式罐，甲类A Ⅲ、A Ⅳ、Ba Ⅲ、Bb Ⅲ式豆，Ⅲ式高领罐，A Ⅰ式铜鼎。前期出现、延续至本期的器型有B Ⅱ式罐。陶器器物组合有第一组的第1（3座）、3（2座）、

7、11（盗）种，第四组的第 31 种。铜器器物组合有第二组的第一类。属于此期的墓葬共有 8 座，包括 M1、热 M1、热 M15、热 M25、热 M31、热 M42、热 M51、热 M53。本期年代应为春秋早期。

第四期　本期新出现的器型有 AaⅢ、AaⅣ、AbⅠ、BaⅡ、BbⅡ式鬲，AaⅢ、AaⅣ式盂，AⅢ、BⅢ式罐，甲类 BaⅣ、BaⅤ、BbⅣ式豆，AⅡ式铜鼎，AⅠ式铜盏，Ⅰ式铜舟。前期出现、延续至本期的器型有 AaⅡ式盂，AⅡ式罐，甲类 AⅣ、BaⅢ式豆，AⅠ式铜鼎。陶器器物组合有第一组的第 1（4 座）、2（盗）、3（4 座）、4、5（2 座）、6（盗）、7、8（盗）、11（2 座）种，第四组的第 32 种。铜器器物组合有第一组、第二组的第一类。属于此期的墓葬共有 19 座，包括 M9、M21、M29、M31、M37、M38、M39、M40、M42、M52、M56、M92、M105、M121、M123、M140、M146、M148，热 M46。本期年代应为春秋中期。

第五期　本期新出现的器型有 AaⅤ、AbⅡ、BbⅢ式鬲，AbⅣ式盂，BⅣ式罐，甲类 AⅤ式豆，Ⅰ式鼎，Ⅰ式罍，Ⅰ式尊，Ⅰ、Ⅱb 式盘，Ⅰ、Ⅱ式匜，器盖，AⅡ、AⅢ式铜盏，Ⅱ式铜舟。前期出现、延续至本期的器型有 BaⅡ、BbⅡ式鬲，AaⅣ、AbⅢ（三期出现）式盂，AⅡ（三期出现）、AⅢ式罐，甲类 BaⅤ式豆（主要流行于此期，参见表一〇）。陶器器物组合有第一组的第 1（3 座）、3（7 座）、8（盗）种，第二组的第 21 种（盗），第三组的第 27（盗）种，第五组的第 33、35 种。铜器器物组合有第二组的第二类。属于此期的墓葬共有 15 座，包括 M11、M22、M41、M51、M53、M63、M96、M100、M103、M112、M129、M133，热 M40、热 M41、热 M45。本期年代应为春秋中晚期之际。

第六期　本期新出现的器型有 AaⅥ、AbⅢ、AbⅣ、BaⅢ式鬲，AaⅤa、AaⅤb、BⅠ、BⅡ式盂，AⅣ式罐，异型罐，甲类 BaⅥ式豆，Ⅳ式高领罐，Ⅱ式鼎，B 型盏，Ⅱ式罍，Ⅱ式尊，Ⅱa 式盘，舟，器盖，B 型铜鼎，B 型铜盏，Ⅲ式铜舟。前期出现、延续至本期的器型有 AaⅤ、BbⅢ式鬲，AaⅣ（四期出现）式盂，AⅢ（四期出现）式罐，Ⅰ式罍，Ⅱ式匜。陶器器物组合有第一组的第 1（3 座）、3（5 座）、6、11、13（盗）种，第二组的第 15、16、19（盗）、20（盗）、24（盗）种，第三组的第 27 种，第五组的第 34 种。铜器器物组合有第二组的第二类。属于此期的墓葬共有 18 座，包括 M2、M8、M10、M16、M28、M35、M60、M62、M69、M99、M106、M125、M126、M139，热 M24、热 M32、热 M33、热 M48。本期年代应为春秋晚期。

第七期　本期新出现的器型有 AaⅦ式、D 型鬲，AbⅤ、BⅢa、BⅢb 式盂，异型盂，BⅤ式罐，甲类 BaⅦ式豆，陶盆，Ⅲ式鼎，簋，A 型盏，Ⅲ式罍，Ⅲ式尊，Ⅲ式匜，器盖。前期出现、延续至本期的器型有 AaⅥ、AbⅢ、AbⅣ式鬲，AaⅤa、AaⅤb 式盂，AⅣ式罐，甲类 BaⅥ式豆，Ⅱ式鼎，Ⅱa、Ⅱb（五期出现）式盘。器物组合有第一组的第 1（4 座）、3（9 座）、5（盗）、9（盗）、11（盗）种，第二组的第 15、17（盗）、18、22（两座，盗）种，第三组的第 26（2 座）、29（盗）、30 种，第六组的一种（盗）。属于此期的墓葬共有 26 座，包括 M3、M13、M19、M24、M27、M45、M54、M57、M71、M113、M124、M143、M145、M151、M152，热 M2、热 M3、热 M5、热 M6、热 M14、热 M27、热 M34、热 M37、热 M38、热 M43、热 M56。本期年代应为战国早期前段。

　　第八期　本期新出现的器型有甲类 Ba Ⅷ式豆。前期出现、延续至本期的器型有 Aa Ⅶ式鬲，Ab Ⅴ式盂，B Ⅴ式罐。器物组合为第一组第 1 种。属于此期的墓葬有 1 座，即 M30。所出遗物除陶豆略有变化外，其余均与第七期各墓所出相同。因此，我们将第七期定为战国早期前段，第八期定为战国早期后段。

　　第九期　本期新出现的器型有 Ab Ⅵ、B Ⅳ式盂，乙类 A、B 型豆，钵，Ⅴ式高领罐，Ⅰ、Ⅱ式壶。器物组合有第一组的第 10 种，第三组的第 25、28 种。属于此期的墓葬共有 3 座，包括 M46、M73、M154。本期年代应为战国中期。

图一〇〇　兴弘花园与热电厂墓地铜器分期图

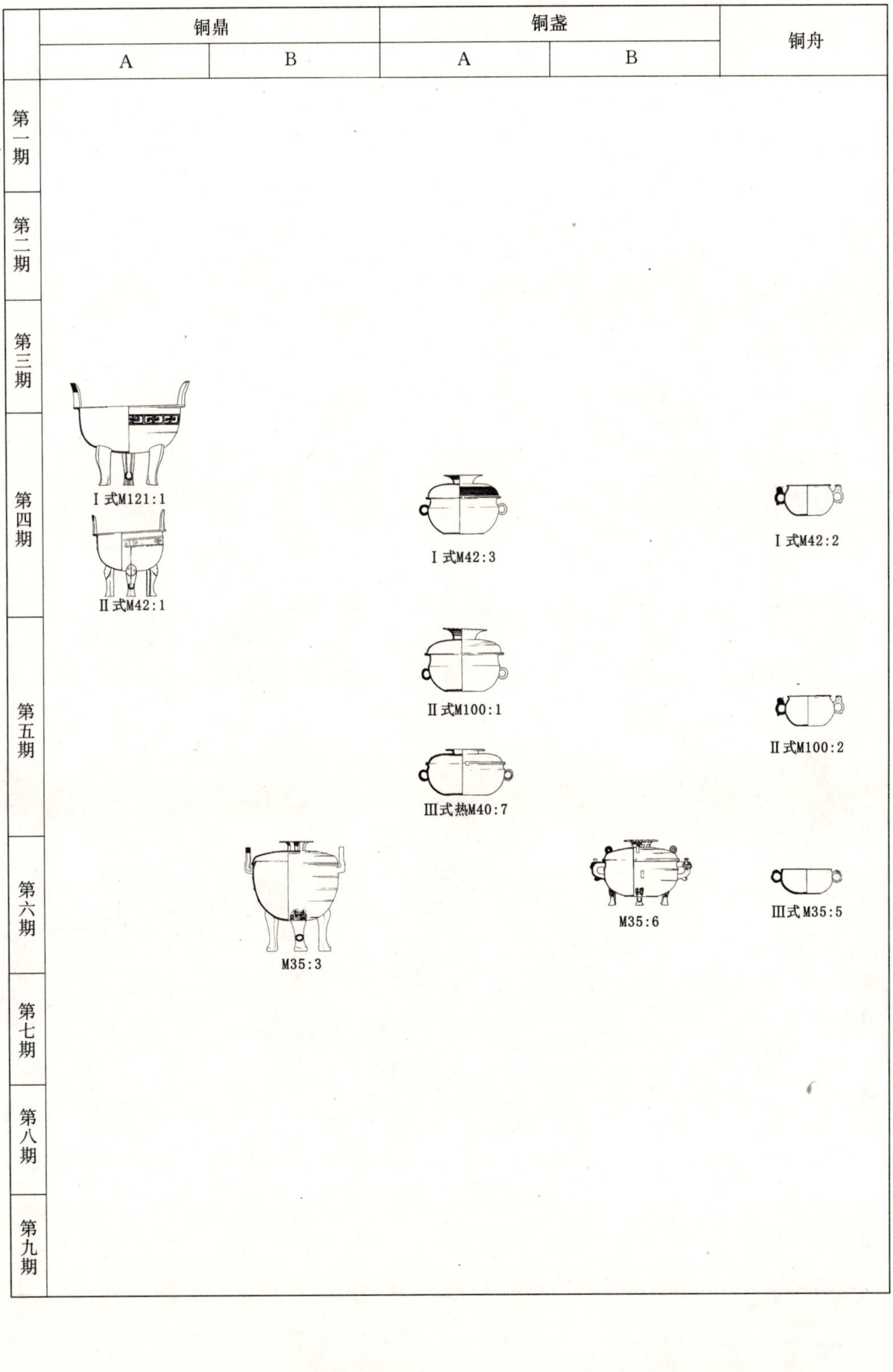

图一〇一　兴弘花园与热电厂墓地仿铜陶器分期图

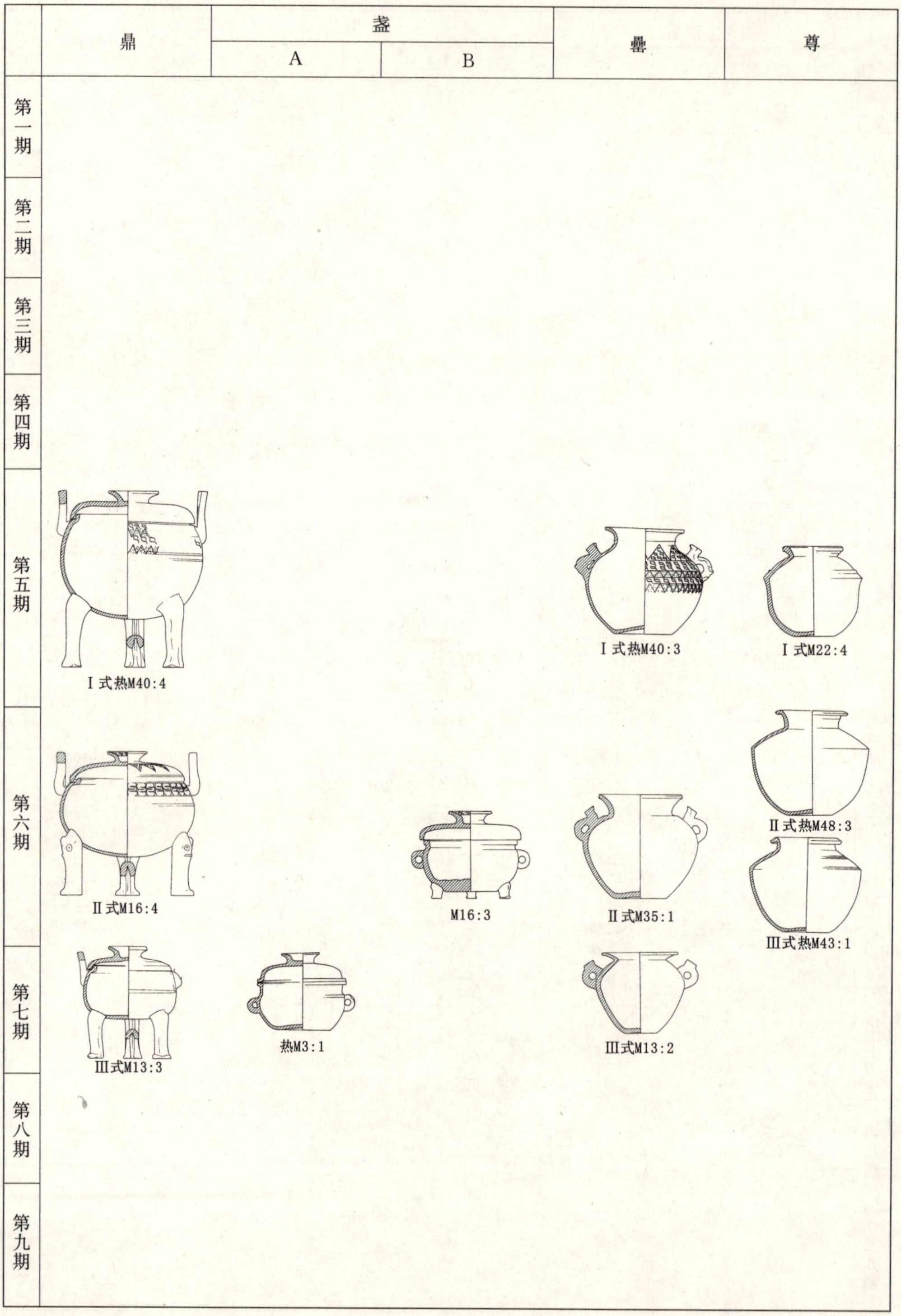

	鼎	盏		罍	尊
		A	B		
第一期					
第二期					
第三期					
第四期					
第五期	Ⅰ式热M40:4			Ⅰ式热M40:3	Ⅰ式M22:4
第六期	Ⅱ式M16:4		M16:3	Ⅱ式M35:1	Ⅱ式热M48:3 / Ⅲ式热M43:1
第七期	Ⅲ式M13:3	热M3:1		Ⅲ式M13:2	
第八期					
第九期					

第六章 埋葬制度及文化渊源探讨

第一节 两处墓地所见埋葬制度的特点

一 基本材料梳理

兴弘花园与热电厂墓地共清理两周时期墓葬 214 座,均为土坑竖穴(兴弘 M47、热 M65 墓形不明除外),平面形状有长方形和楔形两种。墓坑坑壁有垂直和斜收的不同,坑壁斜收者绝大多数为内收,但有少量外斜。流行壁龛(44 座),少量有腰坑(11座)、二层台(19 座)、脚窝(1 座)等结构,其中壁龛与二层台共存的 6 座,壁龛与腰坑共存的 2 座,壁龛与腰坑、二层台共存的 1 座。另有 1 座是壁龛还是二层台不清楚。壁龛多为头龛,少量足龛及角龛,并有 1 座为边龛。腰坑形状有近长方形和椭圆形两种,内皆葬狗骨。二层台有一面、两面、四面等的区别。

(一)墓葬规格

214 座墓葬中,除兴弘 M47 及热电 M65 墓坑被破坏而形制不明外,其余皆为小型墓,墓坑开口长度未见有超过 4 米者,最大的一座兴弘 M146,开口长 3.8 米。在此范围内,212 座墓葬可分为大、中、小三型,大型墓葬开口长度超过 3 米,中型墓葬开口长度在 2 米以上至 3 米之间,小型墓葬开口长度在 2 米以下。

1. 墓葬开口长度在 3 米以上者(含 3 米)

共 36 座,其中墓葬开口长度正好达到 3 米的 8 座。

二椁一棺墓 1 座,出铜礼器及仿铜陶礼器。

一椁一棺墓 11 座。1 座铜器与仿铜陶礼器同出,3 座出仿铜陶礼器,1 座仿铜陶礼器与日用陶器同出,1 座出日用陶器,2 座被盗空,3 座出铜戈、玉器等器物。

单椁墓 20 座。1 座出铜器及仿铜陶礼器,1 座(被盗)残铜片与仿铜陶器、日用陶器同出,1 座(被盗)出残铜器等,5 座出仿铜陶礼器(3 座被盗),2 座仿铜陶礼器与日用陶器同出（1座被盗），2座（被盗）只出日用陶器，1座（被盗）出玉器，1座空墓，6座被盗空。

单棺墓3座。2座出日用陶器（1座被盗），1座因被盗只出残铜片及玉、骨器。

无葬具墓1座，被盗一空。

2. 墓葬开口长度在2米至3米之间者（含2米）

共139座。

一椁一棺墓29座。1座出仿铜陶礼器（被盗），2座仿铜陶礼器与日用陶器同出，18座出日用陶器，2座出小件器物，4座空墓，2座被盗空。

单椁墓43座。1座出铜器，2座铜器与日用陶器同出，1座（被盗）出残铜片等，1座（被盗）出仿铜陶礼器，16座出日用陶器（7座被盗），1座出骨料，2座（被盗）只出玉、蚌圭，6座空墓，13座被盗空。

单棺墓56座。1座出仿铜陶礼器，1座日用陶器与仿铜陶礼器同出，34座出土日用陶器（5座被盗），4座出土玉器等（1座被盗），1座出土小铜器及骨器，12座空墓，3座被盗空。

空心砖椁墓1座。

无棺墓10座。皆为空墓，其中2座被盗。

3. 墓葬开口长度2米以下者

共37座。

单棺墓18座。2座出日用陶器，1座日用陶器与仿铜陶礼器同出，1座出小铜器及蚌珠，12座空墓，2座被盗空。

空心砖椁墓1座。

无棺墓18座。1座出仿铜陶礼器，2座出日用陶器，1座出骨料，14座空墓（1座被盗）。

（二）棺椁制度

1. 二椁一棺

1座。开口长度3.25米。出铜器和仿铜陶礼器。

2. 一椁一棺

40座。其中有头箱者7座，有边箱者1座。有壁龛者6座，有二层台者1座，有二层台加壁龛者3座。有足箱加腰坑者1座。

墓葬开口长度在3米以上者8座。1座出铜器及仿铜陶礼器，3座出仿铜陶礼器，1座仿铜陶礼器与日用陶器同出，2座出玉器等小件，1座被盗空。

墓葬开口长度正好达到3米者3座。1座出玉器等，1座被盗空，1座被盗，出日用陶器。

墓葬开口长度 2.4～3 米者 29 座。1 座出仿铜陶礼器，2 座仿铜陶礼器与日用陶器同出，18 座出日用陶器，2 座出玉器等小件器物，6 座空墓（其中 2 座被盗）。

3. 单椁

63 座，因其尺寸明显较棺宽大，故将此类葬具确定为椁。其中有 2 座是否有棺不详，其余均未见有棺。其原因是原本无棺还是有棺因无痕已不能确定。有头箱者 1 座，有壁龛者 4 座（其中 M18 为边龛），有二层台者 1 座，有腰坑者 3 座，有头箱加腰坑者 1 座，有壁龛加腰坑者 1 座，有二层台加壁龛者 2 座，有壁龛、二层台加腰坑者 1 座。

墓葬开口长度在 3 米以上的 20 座，1 座出铜器及仿铜陶礼器，1 座（被盗）残铜片与仿铜陶器、日用陶器同出，1 座（被盗）出残铜器等，5 座出仿铜陶礼器（3 座被盗），2 座仿铜陶礼器与日用陶器同出（1 座被盗），2 座（被盗）出日用陶器，1 座（被盗）出玉器，1 座空墓，6 座被盗空。

墓葬开口长度在 2.4 至 2.98 米之间的 43 座，1 座出铜器，1 座（被盗）出残铜片等，2 座铜器与日用陶器同出，1 座（被盗）出仿铜陶礼器，16 座出日用陶器（7 座被盗），1 座出骨料，2 座（被盗）只出玉、蚌圭，6 座空墓，13 座被盗空。

4. 单棺

77 座。有头箱者 3 座，有壁龛者 25 座，1 座为角龛，另有 1 座是壁龛或二层台不明。有二层台者 1 座，有二层台及壁龛者 1 座，有腰坑者 3 座，有脚窝者 1 座，有壁龛加腰坑者 1 座。无二层台、壁龛等结构的墓葬，随葬品一般放置在近头端棺的上方。

墓葬开口长度在 3 米以上的 3 座，2 座出日用陶器（1 座被盗），1 座（被盗）只出残铜片及玉、骨器。

墓葬开口长度在 2 米以上 3 米以下的 56 座，1 座出仿铜陶礼器，1 座仿铜陶礼器与日用陶器同出，34 座出土日用陶器，4 座出土玉器等（1 座被盗），1 座出土小铜器及骨器，12 座空墓，3 座被盗空。

墓葬开口长度在 2 米以下的 18 座，2 座出日用陶器，1 座日用陶器与仿铜陶礼器同出，1 座出小铜器及蚌珠，12 座空墓，2 座被盗空。

5. 空心砖墓

2 座。均出于兴弘花园墓地。1 座日用陶器与仿铜陶礼器同出，1 座空墓。

6. 无葬具

葬具不存或原本无葬具，此类墓共 31 座（其中两座被破坏，墓葬结构不明）。其中有二层台者 9 座。

墓葬开口长度 3 米以上者 1 座，被盗空。

墓葬开口长度 2 米以上者 10 座，皆为空墓，其中 3 座被盗空。

墓葬开口长度 2 米以下者 18 座，1 座出仿铜陶礼器，2 座出日用陶器，1 座出骨料，14 座空墓，其中 1 座被盗。

（三）随葬品及组合

兴弘花园墓地共清理两周时期墓葬 151 座，其中随葬有陶铜器皿的 75 座（其中 M100 陶鼎残损未能复原，M102 残盘亦未能复原），只出土铜兵器（戈）、玉器、骨器、蚌器及纺轮等小器物的 16 座，其中 3 座因被盗，铜器只存残铜片、器足等。60 座为空墓，其中有 13 座有明显盗扰痕迹。热电厂墓地共清理两周时期墓葬 63 座，其中随葬陶铜器皿的 29 座，只出土铜兵器（戈）、小件铜器（环、残片等）、玉器、骨器、蚌器等小器物的 5 座，其中 1 座被盗，铜器只残存器耳。空墓 29 座，其中 20 座有明显盗扰痕迹。

1．随葬品

（1）铜器墓

1 座。墓口长 2.74 米，单椁。

（2）仿铜陶礼器墓

12 座。

墓葬开口长度在 3 米以上者 8 座。3 座为一椁一棺，5 座单椁。

墓葬开口长度在 2～3 米者 3 座。其中 1 座长 2.98 米，一椁一棺，1 座单椁，1 座单棺。

1 座开口长度为 1.5 米，为一小孩墓。

墓葬开口长度在 3 米以下者皆属五期以后。

（3）日用陶器墓

77 座。

墓葬开口长度 3 米以上者 5 座。一椁一棺 1 座，属于七期；单椁 2 座，1 座属于六期，1 座属于七期且被盗；单棺 2 座，其中 1 座被盗。

墓葬开口长度在 2～3 米者 68 座，一椁一棺 18 座，从第二期至第八期皆有；单椁 16 座；单棺 34 座。

墓葬开口长度 2 米以下者 4 座，其中小儿墓 1 座，时间分属第四、六、七、八期。

（4）铜器与仿铜陶礼器同出墓

3 座。墓葬开口长度均在 3 米以上，二椁一棺 1 座，一椁一棺 1 座，单椁 1 座。

（5）铜器与日用陶器同出墓

2 座。墓葬开口长度在 2.9～2.96 米，单椁。

（6）铜器与仿铜陶礼器及日用陶器同出墓

1 座。墓葬开口长度 3.5 米，单椁。

（7）仿铜陶礼器与日用陶器同出墓

8座。

墓葬开口长度 3 米以上者 3 座，1 座一椁一棺，2 座单椁。

墓葬开口长度在 2~3 米者 4 座，2 座一椁一棺，1 座单棺，1 座空心砖。

1 座墓葬开口长度 1.96 米，时代属战国中期。

开口长度在 3 米以下者皆属五期以后。

(8) 玉器墓

共 33 座。

墓葬开口长度在 3 米以上者 15 座；17 座在 2~3 米之间，其中 2 座接近 3 米；1 座开口长度在 2 米以下。二椁一棺墓 1 座，一椁一棺墓 8 座，单椁墓 14 座，单棺墓 9 座，另有 1 座棺椁不明。与铜器及仿铜陶礼器同出者 4 座，与铜器及日用陶器同出者 2 座，与铜器同出的 4 座，但均被盗，铜器只余残片；与仿铜陶礼器同出者 4 座，与仿铜陶礼器及日用陶器同出者 4 座，与日用陶器同出者 6 座；单独或与小件器物同出的 10 座，其中 3 座被盗。

共有 15 座墓葬出土玉圭。其中 7 座开口长度在 3 米以上，1 座长度不明，其余墓葬开口长度在 2~3 米之间。二椁一棺 1 座，一椁一棺 5 座，单椁 6 座，单棺 2 座，1 座棺椁不明。与铜器同出的 2 座，与铜器及仿铜陶礼器同出的 2 座，与铜器及日用陶器同出的 1 座，与仿铜陶礼器同出的 2 座，与仿铜陶礼器及日用陶器同出的 3 座，与日用陶器同出的 2 座，3 座单出玉圭或与蚌壳、铜戈同出。

2. 组合情况

两处墓地出土的陶铜器随葬品，其组合形式可分为三类七组。

(1) 第一类　铜器组合

只出铜器皿。该组共有 4 座墓葬，但皆被盗，仅 M121 还保存有铜礼器，其余 3 座仅存铜器残片。M121 所出铜礼器为铜鼎、铜盏、铜舟。从其他未被盗而出铜器的墓葬分析，该组合应为此墓完整的铜器组合形式。

(2) 第二类　陶器组合

可分为日用陶器组合、仿铜陶礼器组合、日用陶器加仿铜陶礼器组合三组。

第一组　日用陶器组合

共 77 座。此组是这一批墓葬数量最多的器物组合，占出土陶铜质器皿墓葬总数的 74.04%。其核心组合是鬲、盂、豆、罐。在此基础上，不同的墓葬其器类有所增减。而以鬲、盂、罐、豆（22 座，28.57%），鬲、盂、豆（27 座，35.06%）等两种组合情况最多。至于器类不全的墓葬，有的是因为被盗扰，但也有一部分未发现明显的盗扰痕迹。因此可以认定这些组合一般都是其原始的组合形式，只是产生这些差别的原因我们还不清楚。日用陶器组合中，鬲、盂、罐一般为 1 件，豆为 2 件，常见的组合是 1 鬲、

1 盂、1 罐配以 2 豆。在总共 74 座出土陶豆的墓葬中，有 60 座的豆为 2 件，13 座为 1
件，1 座为多件。另有 1 座墓葬出土 4 件陶盂，1 座墓葬出土 4 件陶罐。

日用陶器组合出现与延续的时间，从两个墓地属于西周晚期的第一期开始，可以一
直延续到属于战国早期后段的第八期。

第二组　仿铜陶礼器组合

共 12 座。此组以鼎、盏为核心，加上罍、簠、舟、盘、匜等，但组合并不齐全，
有的组合形式因墓葬被盗而不能确信。从未被盗扰的墓葬分析，此种组合不全的情况似
为其本来面貌。此类组合出现的最早时间为属于春秋中晚期之际的第五期，延续至属于
战国早期的第七期，而以第六、七期为多。

第三组　日用陶器加仿铜陶器组合

共 8 座。鬲、盂、豆等加仿铜陶礼器的鼎、壶、尊、盘等，器类不完整。因墓葬多
被盗扰，不能确证其完整组合形式。此类组合出现的最早时间为属于春秋中晚期之际的
第五期，延续至第九期。

（3）第三类　铜陶器组合

第一组　铜器与日用陶器同出

共 2 座（M42、热 M10）。此类墓葬所出日用陶器种类皆不完整，较为随意。其时
代为属于春秋早、中期的第三、四期。

第二组　铜器与仿铜陶礼器同出

共 3 座。此类墓葬以铜鼎、铜盏、铜舟为核心，一般由铜、陶礼器一起构成鼎、
盏、罍、舟、盘、匜的组合。其中出铜鼎、盏、舟的 1 座（M35），出铜盏、铜舟的 2
座（M100、热 M40）。其时代属春秋晚期至战国中期。

第三组　铜器与日用陶器和仿铜陶礼器同出

仅 1 座，热 M6，因被盗而铜器器类不明。时代处于属战国早期的第七期。

二　埋葬制度特点分析

根据上述基本材料的梳理，我们可以对两处墓地表现出来的一些埋葬制度的特点作
出初步的归纳分析。

1. 根据开口长度不同，我们把 212 座墓葬（M47、热 M65 未计）分为了 3 米以上
（含 3 米）、2 米至 3 米、2 米以下三个等级。

3 米以上的墓葬共 36 座，因被盗只出残铜片的 3 座（其中 1 座与仿铜陶礼器和日
用陶器同出），铜器与仿铜陶礼器同出的 3 座，仿铜陶礼器墓 8 座，仿铜陶礼器与日用
陶器同出的 3 座，出日用陶器的 5 座。结合出铜器的 10 座墓有 6 座为 3 米以上、出仿
铜陶礼器的 12 座墓有 8 座为 3 米以上的情况，可知开口长度在 3 米以上的墓葬等级略

高，但因所出铜鼎皆为一件，所以其墓主身份大约相当于士这个级别。而开口长度3米以下的墓葬墓主身份应为一般平民。其中2米以下的墓葬大多数无随葬品，可能与墓主自身的经济状况有关。由此也说明两处墓地是属于低级贵族和平民的墓地，这一点由日用陶器墓占出土陶铜器皿墓葬总数的74.76%，没有任何随葬品的空墓占全部墓葬的26.17%（不计被盗者）也可以看出来。

2. 墓葬的方向以北向为主，共144座。其次为南向，共44座。东西向的各12座，另有2座方向不明。葬式基本上为仰身直肢，有2座侧身。有2座棺内有明显朱砂痕迹。

3. 在墓葬形制方面，除一般常见的长方形墓坑外，有约四分之一的墓坑为一端宽一端窄的楔形，比较流行的其他结构，包括壁龛、腰坑、二层台、脚窝等。此类墓葬共67座，占全部墓葬的31.31%左右。其中44座带壁龛的墓葬，一椁一棺墓9座，单椁墓8座，单棺墓27座。有41座墓葬开口长度在2米至3米（含3米者2座）之间，仅有1座墓葬为日用陶器与仿铜陶礼器同出，其余皆仅出日用陶器。仅有1座墓葬开口长度在3米以上，但为单棺墓，出日用陶器。另有2座开口长度在2米以下。说明壁龛使用者的身份为一般平民。而在11座有腰坑的墓葬中，墓葬开口长度在3米以上的1座，为一椁一棺，出铜礼器和仿铜陶礼器，10座在2米至3米之间，其中单椁墓6座，有1座出土铜礼器和日用陶器，1座被盗，仅有铜器残片，原来随葬应有铜礼器，3座出日用陶器，1座被盗空。4座单棺墓，有2件出土日用陶器，1座出小件器物，1座空墓，说明使用腰坑结构的墓葬，其墓主身份有的相当于士这个级别。

4. 日用陶器以鬲、盂、罐、豆为核心组合，有器类不全的现象。这类陶器的组合可以一直延续使用至战国中期。日用陶器组合中，鬲、盂、罐一般为1件，豆为2件，完整的组合是1鬲、1盂、1罐配以2豆。

5. 仿铜陶礼器出现于春秋中晚期之际。出土仿铜陶礼器的墓葬共23座，其中有8座与日用陶器共出。仿铜陶礼器墓的器物组合，由未被盗扰的墓葬的情况来看，一般是以鼎、盏为核心，配以罍、簠、盘、匜、舟等器类中的一、二种，未见有完整的组合形式。与日用陶器同出的墓葬，也显示出这种组合的不完整性，一般只是一至两种器类与日用陶器同出。

6. 出铜器皿的墓葬共10座，其中4座因被盗而器类不明。从未被盗的6座墓葬分析，两处墓地以铜鼎、铜盏和铜舟为基本的核心组合，多数再配以日用陶器或其他种类的仿铜陶礼器。

配仿铜陶礼器者完整的组合应当是铜、陶礼器一起构成鼎、盏、罍、舟、盘、匜的组合，其中铜器与仿铜陶礼器的器类绝不重叠，而是相互补充。例如，兴弘M35，铜器出铜鼎、铜盏、铜舟，则仿铜陶礼器就出陶罍、陶盘、陶匜；热电M40铜器出铜盏、铜舟，则仿铜陶礼器就出陶鼎、陶罍、陶盘、陶匜；兴弘 M100，铜器出铜盏、铜鼎，则仿铜陶礼器就出陶鼎。由此亦可推知，新郑地区这一时期墓葬完整的铜器或仿铜陶礼器的随葬品组合形式，应为鼎、盏、罍、舟、盘、匜，这种组合形式较为独特。

此类墓葬所出日用陶器种类皆不完整，较为随意，并且从春秋早期这种情况就已发生。

7. 常见不用任何随葬品的情况。214 座两周墓葬中，有 89 座墓葬无随葬品出土，其中只有 33 座有盗扰痕迹。不出随葬品的空墓约占总数的四分之一稍多。

8. 玉器中圭的使用似亦与身份有一定关系。在出玉圭的 15 座墓中，墓葬开口长度在 3 米以上的有 7 座。有铜礼器同出的有 5 座（包括被盗而出铜器残片者），与仿铜陶礼器同出的 5 座。二椁一棺墓 1 座，一椁一棺墓 5 座，单椁墓 6 座。可见大体而言，圭的使用主要流行于士这一阶层。

9. 尽管兴弘花园墓地与热电厂墓地紧邻，实际上可视为一个墓地，但两者之间也存在着一些差别，这主要表现在：

第一，兴弘花园墓地多壁龛而热电厂墓地极少。

第二，兴弘花园墓地有腰坑而热电厂墓地少。

第三，兴弘花园墓地有二层台而热电厂墓地少。

表一六　墓葬开口长度、葬具与随葬品对应关系表

随葬品＼开口长度	3米以上（含3米）					2米至3米（不含3米）				2米以下		合计
葬具	二椁一棺	一椁一棺	单椁	单棺	无	一椁一棺	单椁	单棺	无葬具	单棺	无葬具	
铜礼器			1（注1）	1（注1）			2（注2）					4
仿铜陶礼器		3	5			1	1	1			1	12
日用陶器		1	2	2		18	16	34		2	2	77
铜、仿铜陶礼器	1	1	1									3
铜、日用陶器							2					2
铜、仿铜、日用陶器			1（注1）									1
仿铜、日用陶器		1	2			2		1		1		7
小件器物		3	1			2	3	5		1	1	16
空墓			1			4	6	12	7	12	13	55
盗空墓	2	6			1	2	13	3	3	2	1	33
合计（注3）	1	11	20	3	1	29	43	56	10	18	18	210

注1　被盗，铜器仅存残片。

注2　被盗，其中1座铜器仅存残片。

注 3　2 座空心砖墓未计入其内。兴弘 M47、热电 M65 因墓坑、葬具等皆被破坏不明，亦未列入此表。故此表只包含 210 座墓葬。

第二节　文化渊源

构成新郑地区墓葬的考古学文化内涵的内容，主要包括陶器、铜器、玉器等几类，陶器又分为仿铜陶礼器和日用陶器。玉器由于出土数量较少，器形也比较简单，故难以进行较为深入的分析。所以下面我们主要就陶器和铜器进行比较分析。

一　铜器及仿铜陶礼器

（一）铜器

两处墓地所出铜器，器皿只见鼎、盏、舟等几种。

出土铜器的墓葬数量很少，器类不全，墓葬的等级也不高，器形特征与周边区域的差异不突出，但其器类组合形式有一定特点。这表现在：

第一，其核心组合形式是鼎、盏、舟。未见各地常出的鼎、簋组合，与新郑郑公大墓所出铜器的组合亦不相类。这其中是否存在着等级上的差别，抑或是其他原因目前还不清楚。

第二，常与仿铜陶礼器相配，形成鼎、盏、舟、罍、盘、匜的组合形式，但铜器及仿铜陶礼器的器类不重叠。这种组合形式几乎不见于其他地区。其他地区的贵族墓葬中即使铜礼器与仿铜陶礼器同出，也是各成系列。关中地区春秋秦墓有类似现象，但亦不完全相同，如属于春秋早期的宝鸡南阳村 M2 除出铜鼎 3 件外，其他有陶鼎 3 件、簋 4 件、壶 2 件、豆 2 件、盘 1 件、盉 1 件等；M3 除出铜鼎 5 件外，还出陶鼎 5 件、簋 4 件、罐 2 件、壶 2 件、盘 1 件、盉 1 件、甗 1 件、豆 1 件[①]。鼎在铜器和陶器中是重复出现的。

第三，常与日用陶器同出。

（二）仿铜陶礼器

仿铜陶礼器包括鼎、盏、罍、舟、盘、匜等，其特点在于。

第一，器形方面，陶鼎垂腹，肥足中空的特征，与其他地区同类器不同；陶罍的形态不见于其他地区；陶盏在其他地区极为少见。

---

① 宝鸡市考古队等：《陕西宝鸡县南阳村春秋秦墓的清理》，《考古》2001 年第 7 期。

第二，器物组合方面，一般是以鼎、盏为核心，配以簋、罍、盘、匜、舟等器类中的一、二种，未见有完整的组合形式。

第三，常与日用陶器同出。与日用陶器同出的墓葬，也同样显示出组合的不完整性，一般只是一至两种器类与日用陶器同出。

由此，上述铜器从器形上看与周围地区差异不大，但组合有其自身特点。而仿铜陶礼器的器形及器类组合特征均自成风格，可以认为是属于郑文化自身发展起来的文化因素。

二　日用陶器

日用陶器主要有鬲、豆、罐、盂等。

1. 鬲

新郑地区出土的陶鬲主要有两型：A 型，分裆小袋足，尖足根；B 型，分裆大袋足。

A 型陶鬲目前所见，主要流行于豫中、豫北、洛阳以及冀中南等地区。例如，河南辉县孟庄西周墓 M8、M17、M56 所出 A 型鬲与新郑 AⅠ式鬲相同[①]。洛阳王湾 AⅠ式鬲与新郑 AⅠ式鬲相近[②]，且王湾 A 型鬲Ⅰ至Ⅳ式的演变规律与新郑 Aa 型鬲基本一致，其年代大致为西周晚期至春秋中期。河北易县燕下都东沈村六号居址西周晚期Ⅰ式弦纹沿鬲[③]、河北大厂大坨头遗址西周灰坑所出 A 型鬲[④]、河北邯郸龟台遗址所出西周鬲[⑤]、河北邢台葛家庄西周晚期 AⅢ式鬲[⑥]，皆与新郑 AⅠ式鬲相近。学术界一致认为这类陶鬲是与殷式陶鬲一脉相承发展而来。邹衡先生《试论殷墟文化分期》一文[⑦]，所列 A 型鬲从殷墟文化早期发展至西周第一期，一脉相承，而西周第一期的陶鬲与新郑所出 A 型鬲相近。同时，对河北邢台地区商周陶鬲研究的结果也证明，此类陶鬲"特征与殷墟四期晚段同类器相近，当为承袭殷商文化因素而来"[⑧]。

B 型鬲分裆大袋足的特点，目前所见，年代多可早至商末周初。如《殷墟发掘报

①　河南省文物考古研究所：《辉县孟庄》第 346、347 页文，图二五〇，中州古籍出版社 2003 年。
②　北京大学文博考古学院：《洛阳王湾》第 120 页文第 98 页，图六七，北京大学出版社 2002 年。
③　河北省文物研究所：《燕下都》第 464 页文，图二八二，文物出版社 1996 年。
④　天津市文化局考古队：《河北大厂回族自治县大坨头遗址试掘简报》，《考古》1966 年第 1 期。
⑤　邯郸考古发掘队：《1957 年邯郸发掘简报》，《考古》1957 年第 10 期。
⑥　任亚珊、郭瑞海、贾金标：《1993～1997 年邢台葛家庄先商遗址、西周贵族墓地考古工作的重要收获》，载《三代文明研究》编委会：《三代文明研究（一）》，科学出版社 1999 年 8 月。
⑦　邹衡：《试论殷墟文化分期》，载《夏商周考古学论文集》，科学出版社 2001 年 8 月第二版。
⑧　贾金标、任亚珊、郭瑞海：《邢台地区西周陶器的初步研究》，载《三代文明研究》编委会：《三代文明研究（一）》，科学出版社 1999 年 8 月。

告》中公布的商代第四期所出第 XV 式鬲[①]，为大宽仰折沿，分裆极低，大袋足，无足根，其特征除宽仰折沿外，与新郑 B 型鬲极为相似；河南安阳大司空村北地商代第四期墓葬所出 B 型鬲亦为低裆，大袋足，无实足根[②]；《邢台地区陶鬲初步研究》一文中[③]，所举西关外上层出土的 A Ⅱ 式分裆鬲为"分裆较低，矮肥乳足"，其特征与新郑所出 B 型鬲亦相近；北京琉璃河 Ⅰ M3（西周早期）所出袋足鬲与新郑 B 型鬲的特征相似[④]。时代接近的例证，如山东兖州西吴寺 H2109（西周晚期）所出 A Ⅵ 式鬲[⑤]，其"联裆低近平，袋足圜端"的特征，与新郑 B 型鬲几乎完全一致，只是前者为仰折沿而后者皆平折沿；沣西张家坡墓地属于西周末至两周之际的 M147 所出陶鬲[⑥]，为大袋足，无足根，与新郑 B 型鬲相近，但亦为宽仰折沿，沿面数道凹弦纹，而整个张家坡墓地此形态的陶鬲仅见此一例。上述兖州西吴寺及沣西张家坡所出陶鬲仰折沿的风格，应为新郑 B 型鬲的早期形态。而更早的源头则似可追溯至商末周初，流行于豫北及冀中南地区。

2. 豆

陶豆分为甲、乙两类，甲类为喇叭柄豆，分为 A、B 两型，A 型弧壁，B 型折壁。乙类为直柄豆，亦分为两型，A 型深腹折盘，B 型浅腹折盘。

甲类豆中，A 型与 Ba 型豆虽有弧壁与折壁的区别，但它们都有一个共同的特征，就是豆盘的口部往下约三分之一处凸起形成有肩的形态，腰以上部位的外壁由弧形内凹演变为弧形外凸，这一特征在 Ba 型豆表现得尤为鲜明。这一特征的陶豆目前所见主要流行于豫中、豫北、洛阳地区、冀中南及山东半岛，时代皆可早至西周晚期至春秋早期。例如，洛阳王湾 H159 所出 A Ⅲ 式豆与新郑 Ba Ⅱ、Ⅲ 式豆非常接近，H53∶9 中 A Ⅱ 式盘豆与新郑 Ba Ⅳ 式豆相近，报告将其时代定为西周末至春秋初[⑦]；河南辉县孟庄西周时期的 M23 所出 A 型豆与新郑 B Ⅰ 式豆相近，M56 所出 A 型豆与新郑 Ba Ⅱ 式豆相近[⑧]，Ba Ⅱ 式豆同时也与河北邯郸龟台遗址 H84 所出陶豆相同[⑨]，其年代大约定在西周后期。

① 中国社会科学院考古研究所：《殷墟发掘报告》第 216 页文，图一六七，文物出版社 1987 年。
② 中国社会科学院考古研究所安阳队：《1984~1988 年安阳大司空村北地殷代墓葬发掘报告》，《考古学报》1994 年第 4 期。
③ 石从枝、李恩玮、李军：《邢台地区陶鬲初步研究》，载《三代文明研究》编委会：《三代文明研究（一）》，科学出版社 1999 年 8 月。
④ 北京市文物研究所：《琉璃河西周燕国墓地》第 80 页文，图五七，文物出版社 1995 年。
⑤ 国家文物局考古领队培训班：《兖州西吴寺》第 161 页文，图一四九、一五一，文物出版社 1990 年 12 月。
⑥ 中国科学院考古研究所：《沣西发掘报告》图八六，文物出版社 1962 年。
⑦ 北京大学文博考古学院：《洛阳王湾》第 127 页文，图版四二，北京大学出版社 2002 年。
⑧ 河南省文物考古研究所：《辉县孟庄》第 350 页文，图二五三，中州古籍出版社 2003 年。
⑨ 邯郸考古发掘队：《1957 年邯郸发掘简报》，《考古》1957 年第 10 期。

山东昌乐岳家河周墓所出 A Ⅰ、A Ⅱ 式豆与新郑 B Ⅰ、B Ⅱ 式豆特征相同[1]，山东淄博南阳村一座西周晚期至春秋早期墓所出 Ⅰ 式陶豆与新郑 B Ⅱ 式豆接近[2]。河南辉县孟庄殷墟期 T23 第③层出土的陶豆[3]，已具备新郑甲 A 型及 Ba 型陶豆的早期特征，由此看来，新郑甲 A 型及 Ba 型陶豆与之有渊源关系。

甲 A 型和 Ba 型豆的数量接近所出陶豆总数的 90%。

甲 Bb 型陶豆具有周式陶豆的特征。例如沣西张家坡墓地第三期、第四期所出陶豆[4]，与新郑甲 Aa Ⅰ、Ⅱ 式豆形制相近。张家坡墓地第 Ⅲ、Ⅳ 式豆的特征[5]，与新郑 A Ⅰ 式豆基本相同。

甲 Bb 型豆的数量占出土陶豆总数的 7% 左右。

乙类豆到战国中期才出现。从形态特征分析，乙类豆应为甲类豆的晚出类型，但因其与甲类豆之间的发展链条还有缺环，故以其直柄的特点而与甲类豆分类表述。

3. 罐

罐分两型。A 型最大径接近器腹上部，B 型最大径接近器腹中部。就器物形态而言，热电厂墓地 M35 所出 B Ⅰa 式罐为一类，其余陶罐可归为一类。两者虽皆为折沿，但前者折沿窄而薄，沿底与颈合为一体，且为尖唇。后者折沿较宽，沿底与颈分界明显，早期一般为方唇且较厚。

新郑 B Ⅰa 式罐除素面无纹外，器形特征与沣西张家坡墓地第二至五期陶罐基本相同[6]，与张家坡西周墓地所出 B Ⅻa 式罐亦非常接近[7]。这类罐亦见于周原以外的地区。

新郑所出除 B Ⅰa 式以外的其他陶罐，与其形态类似的遗物目前所见，主要流行于豫北一带。例如辉县孟庄 M17 所出 B 型罐[8]、河南安阳大寒村南岗遗址 M5（西周晚期）所出陶罐[9]，其形态特征均与新郑所出 B Ⅱ 式陶罐几乎完全相同。

4. 盂

陶盂分为两型。A 型折腹，B 型鼓腹或弧腹。A 型盂又分两亚型，Aa 型腹部锐折，折棱规整凸出。Ab 型腹部弧折，折棱一般不太凸出，有的还不规整，此类折棱多系对

① 山东省潍坊市博物馆等：《山东昌乐岳家河周墓》图版柒，《考古学报》1990 年第 1 期。

② 《山东淄博南阳村发现一座周墓》，《考古》1986 年第 4 期。

③ 河南省文物考古研究所：《辉县孟庄》第 338 页文，图二四二，中州古籍出版社 2003 年。

④ 中国科学院考古研究所：《沣西发掘报告》图八六，文物出版社 1962 年。

⑤ 中国社会科学院考古研究所：《张家坡西周墓地》第 113 页文，图 87，中国大百科全书出版社 1999 年。

⑥ 中国科学院考古研究所：《沣西发掘报告》第 123 页文，图八六，文物出版社 1962 年。

⑦ 中国社会科学院考古研究所：《张家坡西周墓地》第 120、123 页文，图 91、92，中国大百科全书出版社 1999 年。

⑧ 河南省文物考古研究所：《辉县孟庄》第 348 页文，图二五一（编者按：原图说明文字作 A 型，误，应从正文），中州古籍出版社 2003 年。

⑨ 中国社会科学院考古研究所安阳队：《安阳大寒村南岗遗址》，《考古学报》1990 年第 1 期。

器表刮削形成，非有意而为。

　　新郑出土的陶盂，与各地所见西周晚期陶盂的形态特征基本相近。例如，AbⅠ式盂与沣西张家坡墓地西周晚期的 M157[①] 所出盂相近，与张家坡墓地西周晚期的Ⅰa式盂相近[②]，还与洛阳王湾西周晚期 H53 所出 AⅠ细泥陶盆相近[③]。

　　由上述对日用陶器中的鬲、豆、罐、盂等器类的分析比较，我们认为，新郑地区以日用陶器为代表的考古学文化，其文化渊源，来自于豫北、冀中南及山东半岛等地区西周晚期的考古学文化当中，有的甚至可以追溯至商代晚期。陶盂的形态，则受周文化的影响较大。

① 中国科学院考古研究所：《沣西发掘报告》第 123 页文，图八六，文物出版社 1962 年。
② 中国社会科学院考古研究所：《张家坡西周墓地》第 116 页文，图 88，中国大百科全书出版社 1999 年。
③ 北京大学文博考古学院：《洛阳王湾》第 124 页文，第 98 页图六七，北京大学出版社 2002 年。

第七章 结 语

新郑市兴弘花园及热电厂两处墓地，共清理墓葬214座，其中104座墓葬出土有陶质或铜质器皿，除一座被盗，器物不能复原，无从进行年代判断以外，根据出土遗物，其余103座墓葬可以分为九期。

第一期　2座。西周晚期前段。

第二期　11座。西周晚期后段。

第三期　8座。春秋早期。

第四期　19座。春秋中期。

第五期　15座。春秋中晚期之际。

第六期　18座。春秋晚期。

第七期　26座。战国早期前段。

第八期　1座。战国早期后段。

第九期　3座。战国中期。

两处墓地所见皆为小型墓葬，墓葬开口长度未有超过4米者，因此是属于以低级贵族及平民为主的公共墓地。除两座空心砖墓外，其余皆为土坑竖穴，流行壁龛、腰坑、二层台等结构。墓葬方向以北向为主。葬具以单棺及单椁者为多，其次为一椁一棺。随葬品以日用陶器为大宗，流行于各个时期；铜器墓数量不多；仿铜陶礼器从属于春秋中晚期之际的第五期开始出现。随葬品的组合形式具有比较明显的特点，这主要表现在：其一，铜礼器不见完整组合，而往往以鼎、盏、舟为核心，与仿铜陶礼器一起组成鼎、盏、舟、罍、盘、匜的组合形式；其二，出铜礼器的墓葬有时也出日用陶器；其三，仿铜陶礼器一般是以鼎、盏为核心，配以簠、罍、盘、匜、舟等器类中的一两种，未见有完整的组合形式。仿铜陶礼器也常与日用陶器同出。

铜器的器形特点与周边区域的同类器区别不大，但组合形式有自身特征。

仿铜陶礼器的器形及器物组合形式均具有自身特点，是属于郑文化自身的文化因素。

日用陶器中的鬲、豆、罐，与流行于豫北、冀中南及山东半岛等地区西周晚期的考古学文化，有着颇为深厚的渊源关系，其中两组陶鬲还可追溯至商代晚期，属于殷商文化的传承。而陶盂则受周文化的影响较深。

附表一：郑韩故城·兴弘花园墓地墓葬登记表

墓号	方向	墓葬结构		葬具（长×宽×高×厚）（厘米）	人骨			随葬品	期别（时代）	其他
		形制描述	墓口尺寸及深度（长×宽－深）（厘米）		葬式	性别	年龄			
M1	10°	竖穴土坑墓，墓口近长方形，北端略窄于南端，直壁，平底，北壁单椁单棺有壁龛。	258×（128~140）－264	椁：226×（98~102）×70×（4~6）；棺：187×（58~62）×28×（6~8）	仰身直肢，双手交叉置于腹部。	女	熟年	BaⅠ鬲，AbⅢ盂，甲 AⅣ豆2，Aa玉玦2	三期	盗扰
M2	10°	竖穴土坑墓，墓口为长方形，直壁，平底，单棺单椁。	280×140－（264~290）	椁：248×（116~124）×38×6；棺：208×70×12×（8~6）				AbⅢ鬲，AaⅤa盂，甲BaⅥ豆2	六期	盗扰
M3	275°	竖穴土坑墓，墓口近长方形，微斜壁，平底，单棺。	274×113－214	棺：210×（83~93）×64×6	仰身直肢。	女	成年	AaⅧ鬲，BⅢa盂，甲BaⅦ豆2，B玉圭	七期	
M4	290°	竖穴土坑墓，墓口为长方形，微斜壁平底，单棺单椁。	248×110－100	椁：207×87×8×6；棺：187×（55~60）×8×6	仰身直肢，双手交叉置于腹部。	女	熟年	AaⅠ鬲，BⅡ罐，甲BaⅡ豆	二期	
M5	11°	竖穴土坑墓，墓口为长方形，北端略宽，单棺。	260×170－330	棺：204×88×36×（4~6）				Bb玉玦		盗空
M6	290°	竖穴土坑墓，呈楔形，微斜壁，平底，单棺，墓底有腰坑，内葬一付狗骨架，腰坑为椭圆形，狗骨架方向与墓主人一致。	220×（96~100）－150	棺：202×（75~83）×20×6	仰身直肢，双手交叉置于腹部。	女	熟年	AbⅠ盂，BⅠa罐，甲BaⅡ豆2，Ⅰ高领罐	二期	

墓号	方向	墓葬结构		葬具 (长×宽×高×厚)(厘米)	人骨			随葬品	期别(时代)	其他
		形制描述	墓口尺寸及深度 (长×宽-深)(厘米)		葬式	性别	年龄			
M7	20°	竖穴土坑墓，墓口近长方形，北端略窄于南端，微斜壁，平底，单棺，棺下有腰坑。	247×(108~116)-210	棺：224×(79~91)×52×(4~6)	仰身直肢。	女	成人	B纺轮，Bb玉玦，玉璜	春秋	
M8	350°	竖穴土坑墓，墓口为长方形，微斜壁，平底，单棺，有一头箱。	250×104-174	棺：180×(66~74)×24×(4~6)	仰身直肢，双手近交叉状。	女	熟年	AaV鬲，AaIV盂，甲 BaVI豆2	六期	
M9	10°	竖穴土坑墓，墓口为长方形，斜壁，平底，单棺，北壁有壁龛。	290×129-235	棺：222×(87~88)×35×(4~6)				AaIV鬲，AaIV盂，甲 BaIV豆2	四期	盗扰
M10	358°	竖穴土坑墓，墓口为长方形，微斜壁，平底，单椁。	310×154-370	椁：260×(108~112)×54×6				II鼎，B盏，铜戈	六期	被盗严重
M11	20°	竖穴土坑墓，墓口近长方形，墓壁内凹，南北壁有二层台，至二层台处小口二层台平面，平底，二层台下直壁，置棺椁，有腰坑，内葬一副狗骨架。	280×(128~144)-(180~190)	椁：238×(95~102)×50×6	仰身直肢，双手交叉于腹部。	男	熟年	AaV鬲，AaIV盂，甲 BaV豆2，铜戈	五期	盗扰
M12	14°	竖穴土坑墓。	270×120-160					无		空墓

墓号	方向	墓葬结构		葬具（长×宽×高×厚）（厘米）	人骨			随葬品	期别（时代）	其他
		形制描述	墓口尺寸及深度（长×宽－深）（厘米）		葬式	性别	年龄			
M13	20°	竖穴土坑墓，墓口为长方形，斜壁，平底，单棺单椁，北部有一头箱。	310×146－447	椁：244×(110~114)×58×6 棺：180×(72~79)×30×4	仰身直肢，上肢骨残。	男	熟年	Ⅲ鼎，Ⅲ罍，A盏，B玉圭	七期	
M14	15°	竖穴土坑墓，墓口为长方形，斜壁，平底，单棺单椁。	258×149－210	椁：218×(90~94)×6×(4~6) 棺：182×(54~58)×28×(4~6)				无		盗空
M15	3°	竖穴土坑墓，墓口为长方形，直壁，平底，单棺。	102×48－44	棺：94×(28~38)×24×(3~4)	仰身直肢。	不明	幼儿	无	战国	
M16	5°	竖穴土坑墓，墓口近长方形，微斜壁，平底，单棺单椁，椁室内隔出一间头箱。	306×(150~160)－236	椁：270×(126~130)×38×8 棺：200×(80~86)×8×(6~8)	仰身直肢，两手交叉状。	男	熟年	Ⅱ鼎，Ⅱa盘，B盏	六期	
M17	15°	竖穴土坑墓，墓口为长方形，微斜壁，平底，单棺单椁，墓底有腰坑，内葬一副狗骨架。	250×115－136	椁：226×(100~103)×134×(6~8)	直肢，仅余股骨。	男	成年	残铜片，A玉圭，Ba玉片6	春秋	被盗严重
M18	100°	竖穴土坑墓，墓口为长方形，平底，直壁，单棺，椁呈"Ⅱ"字形，北壁有龛。	250×(113~115)－136	椁：226×(100~103)×134×(6~8)	仰身直肢，双手交叉于腹部。	女	熟年	E罐，Ab Ⅰ盂，A Ⅰ罐，甲 A Ⅰ豆，Ba Ⅰ豆	一期	

（续表）

墓号	墓葬 结构			葬具	人骨			随葬品	期别	其他
	方向	形制描述	墓口尺寸及深度（长×宽－深）（厘米）	（长×宽×高×厚）（厘米）	葬式	性别	年龄		（时代）	
M19	2°	竖穴土坑墓，墓口为长方形，直壁，平底，单椁单棺，有头箱。	316×178－210	椁：220×（112~120）×40×（4~10）棺：187×（88~94）×18×6	仰身直肢，趾骨背情况不明。	男	熟年	Ⅲ鼎，B盏，Ⅲ匜，铜戈	七期	盗空
M20	1°	竖穴土坑墓，墓口近长方形，近直壁，口稍大于底，平底，单棺。	268×（132~144）－308	椁：248×（106~112）×48×（4~6）				无		被盗，仅余头骨。
M21	0°	竖穴土坑墓，墓口近长方形，直壁，平底，单棺。	232×（80~87）－20	棺：212×70×12×6	仰身直肢。	女	成年	BaⅡ盂	四期	盗扰
M22	350°	竖穴土坑墓，墓口为长方形，微斜壁，北壁有二层台，二层台下有壁龛，平底，单棺。	244×83－288	棺：202×（74~76）×70×（6~8）	仰身屈肢，双手一高一低环抱于小腹。	女	熟年	BaⅡ盂，AbⅢ盂，甲BaⅤ豆2，Ⅰ尊	五期	盗扰
M23	5°	竖穴土坑墓，墓口为长方形，微斜壁，平底。	326×246－160					无		盗空
M24	28°	竖穴土坑墓，墓口为长方形，微斜壁，平底，单棺。	283×140－316	棺：（26~54）×90×60×6				Ⅲ尊	七期	盗空
M25	200°	竖穴土坑墓，墓口为长方形，微斜壁，平底，单棺，南壁有壁龛。	242×116－208	棺：220×78×46×6	仰身直肢，双手交叉于腹部。	女	熟年	甲BaⅡ豆，甲BbⅠ豆，Ⅱ高领罐，簋2	二期	

墓号	方向	墓葬结构		葬具	人骨			随葬品	期别	其他
		形制描述	墓口尺寸及深度（长×宽－深）（厘米）	（长×宽×高×厚）（厘米）	葬式	性别	年龄		（时代）	
M26	350°	竖穴土坑墓，墓口近长方形，北端略窄于南端，微斜壁，平底。	208×（68～82）－170					无		盗空
M27	180°	竖穴土坑墓，墓口为长方形，近直壁，南北壁微向壁内掏挖，平底，南壁有壁龛，单棺，棺下有腰坑。	260×130－（366～378）	棺：226×（102～106）×68×（4～10）	墓主人头向不明，从殉葬狗的方向和壁龛向看，墓向应为180°。			Aa Ⅵ 鬲，Aa Ⅴ a 盂，甲 BaⅧ豆 2	七期	盗扰
M28	190°	竖穴土坑墓，墓口为长方形，斜壁，平底，单棺，南壁有壁龛。	266×140－366	棺：192×84×50×6	仰身直肢。	男	熟年	Bb Ⅲ 鬲，Aa Ⅴ b 盂，甲 BaⅥ豆 2	六期	
M29	200°	竖穴土坑墓，墓口为长方形，直壁，平底，单棺，南壁有壁龛。	214×110－264	棺：190×（80～86）×46×（4～8）	仰身直肢，双手交叉于腹部，下肢骨微曲。	女	老年	Aa Ⅲ 鬲，Aa Ⅳ 盂，A Ⅱ罐，甲 Ba Ⅴ豆，甲 BbⅣ豆	四期	
M30	3°	竖穴土坑墓，墓口为长方形，微斜壁，平底，单棺单椁，北壁有壁龛。	278×160－260	椁：238×（110～112）×70×6 棺：190×（60～66）×14×（4～6）	仰身直肢。	男	熟年	Aa Ⅶ 鬲，Ab Ⅴ 盂，B Ⅴ罐，甲 BaⅧ豆 2	八期	
M31	190°	竖穴土坑墓，墓口近长方形，南北壁为直壁，东西壁微斜，平底，单椁，单棺，南壁有壁龛。	266×（136～132）－222	椁：220×（100～102）×62×（6～8）	仰身直肢。	女	熟年	Ba Ⅱ 鬲，Aa Ⅲ 盂，A Ⅲ罐，甲 BaⅣ豆 2	四期	

墓号	方向	墓葬结构		葬具（长×宽×高×厚）（厘米）	人骨			随葬品	期别（时代）	其他
		形制描述	墓口尺寸及深度（长×宽-深）（厘米）		葬式	性别	年龄			
M32	114°	竖穴土坑墓，墓口近长方形，微斜壁，平底，单棺。	186×（62~66）-76	棺：154×（38~46）×14×4	仰身直肢，双手交叉于腹部。	不明	小儿（11岁前后）	无		
M33	25°	竖穴土坑墓，墓口长方形，微斜壁，单棺倾斜，椁受挤压向外倾斜，椁底有腰坑，腰坑近圆形，内葬一副狗骨架。	290×158-（226~248）	椁：254×（96~100）×52×6				无		盗空
M34	20°	竖穴土坑墓，长方形，微斜壁，平底，单棺。	365×210-480	椁：289×150×130×（6~8）				残铜足，A玉片，玉料，A骨簪，兽牙3，蚌壳，砺石	春秋	棺被严重盗扰
M35	190°	竖穴土坑墓，近长方形墓口，直壁，平底，单棺双椁，外椁室内，内椁室以南有一头箱。	325×（188~196）-（406~451）	椁（外）：316×（170~157）×85×6　椁（内）：210×（118~120）×58×6　棺：180×（70~76）×（10~14）×6	仰身直肢，双足并拢，双手置于腹部。	女	熟年	II罍2，II a盏，II匜，B铜鼎，B铜盏，III铜舟，B玉圭	六期	头箱深于内椁和棺
M36	110°	竖穴土坑墓，墓口近长方形，东端宽于西端，南、北壁微外斜，东、西壁微内斜。平底，单棺单椁。	274×（133~154）-140	椁：238×（104~108）×18×（4~8）　棺：208×（66~74）×12×6	仰身直肢，双手交叉于腹左侧。	男	熟年	蚌刀，蚌壳		

墓号	方向	墓葬结构		人骨			随葬品	期别（时代）	其他
		形制描述	墓口尺寸及深度（长×宽－深）（厘米）	葬具（长×宽×高×厚）（厘米）	葬式	性别	年龄			

墓号	方向	形制描述	墓口尺寸及深度（长×宽－深）（厘米）	葬具（长×宽×高×厚）（厘米）	葬式	性别	年龄	随葬品	期别（时代）	其他
M37	12°	竖穴土坑墓，墓口长方形斜壁，平底，单棺，北壁设有单壁龛，墓中部有一盗洞。	220×100－188	棺：188×66×44×6				AaIV鬲，甲BaIV豆2	四期	
M38	35°	竖穴土坑墓，墓口长方形，直壁，平底，单棺，北壁头顶处设有壁龛。	242×87－135	棺：198×（64～70）×36×6	仰身直肢，双手交叉置于右骨盆处。	男	熟年	Aa II 盂，甲 Ba III 豆，甲BaIV豆	四期	
M39	10°	竖穴土坑墓，墓口长方形，四壁较直，底部较平，单棺，北壁设有壁龛。	300×70－74	棺：216×60×20×（6～8）	仰身直肢，双手交叉置于右骨盆处。	男	熟年	残鬲，Aa III 盂，AIV豆，甲 Ba IV 豆，玉料	四期	
M40	355°	竖穴土坑墓，墓口近长方形，斜壁，平底，单棺。	298×（130～136）－298	棺：252×（30～54）×48×6	仰身直肢，双手交叉置于左骨盆处。	男	熟年	甲BaIV豆，A玉片	四期	盗扰
M41	355°	竖穴土坑墓，墓口为长方形，斜壁，单棺，在墓底中部偏北处有一腰坑，内葬一副狗骨架。	260×117－220	棺：210×91×30×6	仰身直肢，双手交叉置于小腹中部。	男	熟年	Bb III 鬲，Aa IV 盂，A III 罐，甲BaV豆2	五期	
M42	23°	竖穴土坑墓，墓口近长方形，直壁，平底，单椁，椁外有头箱，在墓底中部有一腰坑，内葬一副狗骨架。	290×（132～142）－（264～285）	椁：204×（96～114）×37×（6～8）	似为仰身直肢。	不明	成人	A II 罐，甲 BbIV豆2，A II 铜鼎，A I 铜盉，I 铜舟，Ab 玉玦，Ba 玉瑗，玉玦	四期	

墓号	方向	墓葬结构 形制描述	墓口尺寸及深度（长×宽）—深（厘米）	葬具（长×宽×高×厚）（厘米）	人骨 葬式	性别	年龄	随葬品	期别（时代）	其他
M43	10°	竖穴土坑墓，长方形，墓口为平底，单椁。	230×96—250	棺：208×80×38×6	仰身直肢。	不明	成人？	无		
M44	10°	竖穴土坑墓，长方形，墓口为平底，斜壁。	260×110—320					无		
M45	183°	竖穴土坑墓，长方形，斜壁，平底，单椁，南壁有一壁龛。	270×(146~152)—344	棺：235×(94~96)×34×(6~8)	仰身直肢，面朝西。	女	熟年	AaⅥ高，BⅢb盂，甲BaⅦ豆2	七期	
M46	357°	竖穴土坑墓，长方形，直壁，平底，单椁。	196×80—88	棺：182×(50~54)×22×6	仰身直肢，右手臂保存，右手臂差，左手臂置于骨盆上。	女	熟年	AbⅥ盂3，BⅣ豆，乙AⅥ豆4，乙BⅥ豆，Ⅴ高领罐2，Ⅰ壶	九期	
M47	不详							无		
M48	10°	竖穴土坑墓。墓口近平底，直壁。	178×(56~30)—16		仰身直肢。	女	熟年	无		
M49	355°	长方形竖穴土坑墓，斜壁，单椁。	182×85—240	棺：156×(53~56)×25×6	骨架残，只剩盆骨。	不明	小儿（7-9岁）	无		盗
M50	5°	竖穴土坑墓，长方形，斜壁，平底，单椁。墓中部有腰坑，内葬一副狗骨架。	230×80—150	棺：204×(64~70)×30×6	仰身直肢，两手交叉置于腹部。	男	熟年	无		

墓号	方向	墓葬结构		葬具 (长×宽×高×厚)(厘米)	人骨			随葬品	期别(时代)	其他
		形制描述	墓口尺寸及深度(长×宽－深)(厘米)		葬式	性别	年龄			
M51	355°	竖穴土坑墓，墓口为长方形，微斜壁，平底，单椁单棺，头顶椁室外有二层台。	248×127－200	椁：203×100×14×6；棺：180×(66~68)×8×6	仰身直肢。	女	熟年	BbⅢ鬲，AaⅣ盂，BⅣ罐，甲BaV豆2	五期	
M52	185°	竖穴土坑墓，墓口近长方形，南壁有二层台及边龛，其他壁斜直内收，平底，单椁单棺。	268×(140~145)－246	椁：242×(117~123)×44×6；棺：200×(62~69)×10×(4~6)	仰身直肢，双手交叉置于腹部。	男	熟年	BbⅡ鬲，AaⅢ盂，AⅡ罐2，AⅢ罐，BⅢ罐，甲BaⅣ豆，甲BbⅣ豆	四期	
M53	3°	竖穴土坑墓，墓口近长方形，斜壁，平底，单椁单棺。椁内东侧有边箱。	249×(116~123)－297	椁：216×(96~103)×62×(4~8)；棺：188×(50~52)×32×(6~10)	仰身屈肢，双手交叉置于腹部。	女	熟年	AaV鬲，AaⅣ盂，甲BaV豆2	五期	
M54	354°	竖穴土坑墓，墓口近长方形，底较平，单椁单棺，北壁头顶上方有一壁龛和二层台。	260×(134~140)－198	椁：224×(98~104)×36×8；棺：187×(54~60)×18×(6~8)	仰身直肢，头骨扰乱。	女	熟年	AaⅦ鬲，BⅢa盂，BV罐，甲BaⅦ豆2	七期	
M55	290°	竖穴土坑墓，墓口近长方形，平底，斜壁，单椁，梯形椁室。	250×(128~134)－190	椁：194×(90~106)×40×6	仰身直肢，双手交叉置于胸部。	女	老年	AaⅠ鬲，BⅡ罐，甲BaⅡ豆，骨镞2，骨片6，蚌圭	二期	
M56	5°	竖穴土坑墓，墓口为长方形，底较平，单棺，斜壁，南椁有一壁龛。	220×126－206	棺：230×(82~84)×36×(6~10)	仰身直肢，下肢交叉，上肢稍扰。	女	老年	AbⅠ鬲，AaⅡ盂	四期	

墓号	方向	墓葬结构 形制描述	墓口尺寸及深度（长×宽-深）（厘米）	葬具（长×宽×高×厚）（厘米）	人骨 葬式	性别	年龄	随葬品	期别（时代）	其他
M57	0°	竖穴土坑墓，墓口为长方形，四壁斜直，底部较平，头顶北壁有二层台，单椁，"Ⅱ"字形椁室。	259×130-160	椁：204×（96～100）×40×（10～6）	仰身直肢，双手环抱于胸前。	女	熟年	Ab Ⅳ 鬲，Ab Ⅴ 盂，AⅣ罐，甲 Ba Ⅶ豆 2	七期	
M58	24°	竖穴土坑墓，墓口近长方形，平底，墓壁不规整。	190×（82～86）-190	棺：200×（74～77）×30×（6～8）	仰身直肢，双手交叉置于墓主人右肩处。	女	成年	无		
M59	185°	竖穴土坑墓，墓口近长方形，斜壁，平底，单椁。	281×（144～136）-188	椁：230×（103～108）×47×（12～6）	仰身直肢，双手交叉置于腹部。	男	老年	无		
M60	30°	竖穴土坑墓，墓口近长方形，斜壁，平底，单棺，南壁设有壁龛。	250×（120～126）-273	棺：220×（92～98）×70×6	仰身直肢，双手交叉。	女	老年	AaⅤ鬲，BⅠ盂，AⅢ罐，甲 Ba Ⅵ豆 2	六期	
M61	358°	竖穴土坑墓，墓口近长方形，斜壁，平底，单椁。	350×200-380	椁：260×（22～130）×40×6				无		盗空
M62	30°	竖穴土坑墓，长方形墓口，微斜壁，平底，单棺，北壁有壁龛。	250×110-308	棺：216×76×50×6				AaⅤ鬲，AaⅤa盂，Ⅳ高领罐，甲 Ba Ⅵ豆 2	六期	盗扰

墓号	方向	墓葬结构		葬具 (长×宽×高×厚)(厘米)	人骨			随葬品	期别(时代)	其他
		形制描述	墓口尺寸及深度 (长×宽－深)(厘米)		葬式	性别	年龄			
M63	10°	竖穴土坑墓，墓口长方形，平底，微斜壁，单棺，墓室西北角有一角龛。	292×156－300	棺：226×92×44×(6~8)	仰身直肢，双手交叉于腹部。	女	熟年	BbⅡ鬲，AbⅣ盂，甲BaⅤ豆	五期	
M64	300°	竖穴土坑墓，墓口近长方形，平底，微斜壁，单椁单棺。	234×(80~88)－30	棺：180×(63~64)×12×4	仰身直肢，双手交叉于腹部。	女	熟年	B纺轮，Ab玉玦2	春秋	
M65	20°	竖穴土坑墓，墓口长方形，平底，微斜壁，单椁单棺。	328×208－424	椁：298×157×94×8 棺：236×(68~82)×70×(6~10)				铜戈，蚌贝若干	春秋	
M66	355°	竖穴土坑墓，墓口长方形，平底，微斜壁，单椁。	296×152－314	椁：258×113×55×(6~8)				无		盗空
M67	355°	竖穴土坑墓，墓口近长方形，平底，微斜壁，单椁。	298×(126~132)－244	椁：214×98×47×(6~8)	仰身直肢，双手交叉于腹部。	女	熟年	骨料2		
M68	10°	竖穴土坑墓，墓口长方形，平底，微斜壁，单椁，呈"Ⅱ"字形。	252×120－290	椁：218×(104~110)×50×6	仰身直肢，双手交叉于腹部。	女	熟年	无		
M69	12°	竖穴土坑墓，墓口长方形，平底，微斜壁，单椁，呈"Ⅱ"字形。	300×160－370	椁：260×(112~113)×56×(6~8)	仰身直肢，双手近平，交叉于腹部。	男	熟年	Ⅱ鼎，Ⅰ罍，B盉，B盏，兽牙	六期	

（续表）

墓号	方向	墓葬结构		葬具（长×宽×高×厚）（厘米）	人骨			随葬品	期别（时代）	其他
		形制描述	墓口尺寸及深度（长×宽－深）（厘米）		葬式	性别	年龄			
M70	357°	竖穴土坑墓，墓口近长方形，微斜壁，平底，单棺单椁。	322×(168~174)－390	椁：262×(140~142)×88×8 棺：194×(68~82)×88×(6~8)				无		盗空
M71	16°	竖穴土坑墓，墓口近长方形，微斜壁，平底，单棺，北壁有壁龛。	201×(74~88)－174	棺：186×58×24×6	仰身直肢，双手交叉置于腹部。	女	熟年	AaⅥ盉，AaⅤa盂，甲BaⅦ豆2	七期	
M72	355°	竖穴土坑墓，墓口长方形，直壁，平底。	144×60－80		仰身直肢，双手置于腹部。	不明	小儿（10－11岁）	无		
M73	97°	竖穴土坑墓，墓口近长方形，直壁，底不平。	168×(53~60)－(20~30)		仰身直肢。	男	熟年	Ⅴ高领罐	八期	
M74	174°	竖穴土坑墓，墓口近长方形，微斜壁，平底，单棺。	230×(66~74)－59	棺：202×(46~53)×8×(3~6)	仰身直肢，双手交叉于腹部。	男	老年	异型盂，甲AⅡ豆2	二期	
M75	175°	竖穴土坑墓，墓口长方形，平底。	196×60－14		仰身直肢。	女	成年	无		有盗洞
M76	90°	竖穴土坑墓，墓口近长方形，直壁，平底。	237×(48~58)－30		仰身直肢。	不明	幼儿	无		
M77	15°	竖穴土坑墓，墓口长方形，直壁，平底。	228×63－40		扰乱严害。	不明	幼儿	无	盗扰	

墓号	方向	墓葬结构		葬具	人骨			随葬品	期别（时代）	其他
		形制描述	墓口尺寸及深度（长×宽）（深）（厘米）	（长×宽×高×厚）（厘米）	葬式	性别	年龄			
M78	5°	竖穴土坑墓。墓口近长方形，直壁，平底，单棺。	158×（74~80）-128	棺：146×（52~72）×16×4	大小两副骨架，皆仰身直肢。	女 / 不明	熟年 / 小儿	无		
M79	345°	竖穴土坑墓，空心砖墓室，平面形状为梯形，"Ⅱ"字形椁室。	176×（90~100）-113	空心砖椁：100×35×18×24	葬式不明。	不明	幼儿（3岁前后）	无		
M80	10°	竖穴土坑墓。墓口长方形，斜壁，平底，单棺。	210×76-（120~140）	棺：184×（43~60）×30×（4~6）	仰身直肢。	男	熟年	无		
M81	15°	竖穴土坑墓。墓口近长方形，斜壁，平底。	146×（60~64）-138		仰身直肢。	不明	小儿（6-7岁）	无		
M82	3°	竖穴土坑墓。墓口长方形，微斜壁，平底，单棺。	140×70-138	棺：115×50×16×14	仰身屈肢。	不明	小儿（7岁前后）	无		
M83	8°	竖穴土坑墓。墓口近长方形，直壁，平底，单棺。	182×（80~84）-64	棺：173×（50~58）×30×4	仰身直肢。	女	熟年	无		
M84	15°	竖穴土坑墓，墓口近长方形，微斜壁，平底，单棺。	150×（66~70）-64	棺：130×（47~50）×15×（4~6）	仰身屈肢。	不明	小儿（11岁前后）	无		

墓号	方向	墓葬结构		葬具	人骨			随葬品	期别(时代)	其他
		形制描述	墓口尺寸及深度（长×宽-深）（厘米）	（长×宽×高×厚）（厘米）	葬式	性别	年龄			
M85	8°	竖穴土坑墓，墓口长方形，壁微外斜，底稍大于口，"Ⅱ"形棺。	206×84-142	棺:198×(64~67)×15×(4~7)	仰身直肢，双手交叉置于腹部。	女	熟年	无		
M86	358°	竖穴土坑墓，墓口长方形，斜壁，平底，墓底有二层台。	136×(56~60)-84		仰身直肢，双手交叉于腹部。	不明	小儿(8岁前后)	无		
M87	358°	竖穴土坑墓，墓口近长方形，不规则，北部略小，微斜壁，平底，东西两壁有生土二层台。	206×(62~74)-110		侧身直肢。	男	熟年	无		
M88	5°	竖穴土坑墓，墓口长方形，斜壁，平底，墓底有二层台。	166×80-88		仰身直肢，下肢合于一处。	女	熟年	无		
M89	358°	竖穴土坑墓，墓口长方形，微斜壁，平底，四壁皆有二层台。	210×(75~77)-150		仰身直肢。	女	熟年	无		
M90	358°	竖穴土坑墓，墓口长方形，口稍大于墓底，平底，近直壁，单棺。	212×110-160	棺:194×90×30×(2~6)	仰身直肢，脚部合于一处。	男	熟年	铜环，B骨簪，骨锥，兽牙		
M91	357°	竖穴土坑墓，墓口长方形，直壁，有生土二层台，平底，单棺。	160×70-124	棺:147×(45~50)×24×2	仰身直肢，仅存骨灰。	男	成年	铜环2，铜贝，蚌珠10	春秋	

墓号	方向	墓葬结构		葬具 (长×宽×高×厚)(厘米)	人骨			随葬品	期别(时代)	其他
		形制描述	墓口尺寸及深度(长×宽-深)(厘米)		葬式	性别	年龄			
M92	12°	竖穴土坑墓，墓口长方形，直壁，平底，头部上方有一龛，呈"凸"字形。单棺。	244×120-170	棺：200×(80~81)×36×(4~6)	仰身直肢，双手交叉置于小腹部。	女	熟年	AaⅣ鬲, AaⅣ盂, 甲BaⅣ豆2	四期	
M93	348°	竖穴土坑墓，墓口长方形，直壁，平底。	163×53-36		仰身直肢，双手交叉置于胸部。	女	成年	无		
M94	10°	竖穴土坑墓，墓口近长方形，斜壁，平底。单棺。	160×(54~69)-160	棺：127×(35~36)×20×4	仰身直肢，上无头骨，上肢骨保存较差。	不明	幼儿(5岁前后)	无		
M95	10°	竖穴土坑墓。墓口长方形，南壁垂直，东、北壁内斜，西壁外斜，平底。	140×(48~50)-26		仰身直肢，上肢骨无。	不明	小儿(12岁前后)	无		
M96	12°	竖穴土坑墓，墓口长方形，直壁，平底，墓北壁有二层台及壁龛，单棺单椁。	250×110-292	椁：218×(92~98)×48×6 棺：197×(54~66)×24×(4~6)	只有骨架朽痕，葬式不明。			AaⅤ鬲, AbⅣ盂, 甲BaⅤ豆2	五期	
M97	10°	竖穴土坑墓，墓口长方形，直壁，平底。	100×40-20		仰身直肢，头右残，双脚交叉，上身保存较差。	不明	幼儿(3-4岁)	无		

墓号	方向	墓葬结构 形制描述	墓口尺寸及深度（长×宽-深）（厘米）	葬具（长×宽×高×厚）（厘米）	人骨 葬式	性别	年龄	随葬品	期别（时代）	其他
M98	355°	竖穴土坑墓，墓口长方形，直壁，平底。单棺。	200×（74～76）-192	棺：162×56×18×（4～6）	仰身屈肢，双手交叉置于小腹部，胸骨残。	女	老年	无		
M99	358°	竖穴土坑墓，墓口长方形，直壁，平底。北端有二层台及棺。单棺。	264×130-260	椁：223×（104～100）×52×（4～8）	仰身直肢，双手交叉置于左骨盆处。	不明	熟年	Ab Ⅲ 鬲，Aa V b 盂，甲 Ba Ⅵ 豆 2	六期	
M100	5°	竖穴土坑墓，圆角长方形，单棺单椁，斜壁，椁室外有足箱，有腰坑，内葬一副狗骨架。	344×204-309	椁：230×（116～126）×28×（6～8） 棺：204×（72～68）×18×6	只存有小腿骨和双脚骨，骨架上有朱砂。			鼎（残），A Ⅱ 铜盔，Ⅱ 铜舟，铜戈，B 玉圭，Aa 玉珠 2，Ba 玉片 2，骨簪，骨环 10	五期	
M102	357°	竖穴土坑墓，墓口近长方形，微有不规整，直壁，平底，壁底四周有二层台。	156×（60～77）-100		仰身直肢。	不明	小儿（11-12岁）	残盘		
M103	195°	竖穴土坑墓，墓口为长方形，微斜壁，平底，单棺，北壁有壁龛。	240×104-230	棺：220×86×50×（4～8）	仰身直肢，双手交叉置于腹部。	男	熟年	Aa V 鬲，Aa Ⅳ 盂，A Ⅱ 罐，甲 A V 豆 2	五期	
M104	205°	竖穴土坑墓，墓口近长方形宽于南端，直壁，平底，单棺，椁痕略呈"Ⅱ"字形。	250×（114～124）-110	椁：212×100×30×（4～6）	仰身直肢，双手交叉置于腹部。	女	老年	甲 Ba Ⅱ 豆，B 玉圭，Ab 玉珠 2	二期	

墓号	方向	墓 葬 结 构		葬 具 （长×宽×高×厚）（厘米）	人 骨			随 葬 品	期别 （时代）	其他
		形制描述	墓口尺寸及深度 （长×宽－深）（厘米）		葬式	性别	年龄			
M105	358°	竖穴土坑墓，直壁，四周底部有生土二层台，底部较平。	154×（64~72）－167		仰身直肢。	不明	小儿（12~13岁）	甲BaⅣ豆2	四期	
M106	0°	竖穴土坑墓，墓口近长方形，直壁，平底，单棺。北端有壁龛。	192×（64~77）－160	棺：180×（46~48）×12×（2~4）	仰身直肢。			AaⅥ鬲，甲BaⅥ豆2，Aa玉玦2	六期	
M107	6°	竖穴土坑墓，墓口长方形，直壁，平底，单棺。	150×62－80	棺：126×（33~35）×12×（4~2）	仰身，下肢微屈。	不明	小儿（6~7岁）	无		
M108	358°	竖穴土坑墓，墓口为长方形，直壁，规整，平底，东壁和北壁各有4个脚窝。单棺。	215×108－328	棺：184×78×28×（6~8）	仰身直肢。			无		
M109	10°	竖穴土坑墓。直壁，平底。	（109~142）×70－50		仰身直肢。	不明	小儿（11岁前后）	无		
M110	0°	竖穴土坑墓。直壁，平底。	（60~76）×26－20		腰以下被破坏，上半身为侧身仰面。	不明	幼儿（4~5岁）	无		
M111	280°	竖穴土坑墓，墓口近长方形，不规则，南壁有直壁，平底，生土二层台。	130×（48~56）－（96~76）		侧身屈肢。	不明	幼儿	骨料		

墓号	方向	墓葬 结构 形制描述	墓口尺寸及深度（长×宽－深）（厘米）	葬具（长×宽×高×厚）（厘米）	人骨 葬式	性别	年龄	随葬品	期别（时代）	其他
M112	3°	竖穴土坑墓，墓口长方形，单棺，头顶棺外有壁龛。	200×79-150	棺：178×55×20×（2~6）	仰身屈肢，骨架上撒有朱砂。	男	熟年	AaⅤ鬲，AbⅣ盂，甲AⅤ豆2	五期	
M113	10°	竖穴土坑墓，墓口长方形，直壁，平底，单棺，头顶棺外有壁龛。	190×80-160	棺：180×（58~64）×22×（4~6）	仰身直肢。	女	熟年	D鬲，AaⅤa盂，甲BaⅧ豆2	七期	
M114	358°	竖穴土坑墓，墓口为长方形，直壁，平底，单棺。	160×68-（142~166）	棺：150×54×16×（2~6）	仰身直肢，双手交叉于腹部。	不明	小儿（10~11岁）	无		
M115	358°	竖穴土坑墓，墓口为长方形，微斜壁，平底，单棺。	220×92-196	棺：188×54×20×（2~6）	仰身直肢，左手置于胸部，右手置于腹部。	不明	若年（13~14岁）	无		
M116	3°	竖穴土坑墓，墓口近长方形，直壁，平底，东西两侧有生土二层台。	180×（60~70）-180		仰身直肢，左手置于腹部，右手置于胸部。	女	成年	无		
M117	356°	竖穴土坑墓，墓口为长方形，微斜壁，平底，东西两侧有生土二层台。	197×（64~68）-96		仰身直肢，双手交叉置于腹部。	不明	若~成年	无		
M120	1°	竖穴土坑墓，墓口长方形，直壁，平底，单棺，其北壁有壁龛，内置随葬品。	250×130-130	棺：210×（70~74）×40×（4~6）				AaⅠ鬲，AbⅠ盂，AⅠ罐，甲BbⅡ豆	二期	盗扰

（续表）

墓号	方向	墓葬结构		葬具（长×宽×高×厚）（厘米）	人骨			随葬品	期别（时代）	其他
		形制描述	墓口尺寸及深度（长×宽-深）（厘米）		葬式	性别	年龄			
M121	218°	竖穴土坑墓，方形，直壁，平底，单椁，有头箱，内置随葬品。	274×120-（110~126）	椁：194×（98~100）×30×6				AI铜鼎，AI铜盏，I铜舟	四期	扰
M122	10°	竖穴土坑墓，方形，直壁，平底，单椁单棺。	280×140-120	椁：234×（28~97）×28×8 棺：186×70×20×（4~8）	仰身直肢，双手交叉置于腹部。	女	老年	Bb玉玦2		盗扰
M123	12°	竖穴土坑墓，方形，直壁，平底，单椁单棺，椁内有头箱，内置随葬品。	270×146-（100~110）	椁：198×（90~94）×33×6 棺：182×（64~67）×26×（4~6）	仰身直肢。	男	老年	BaII鬲，AaII盂，甲BaIV豆2	四期	
M124	10°	竖穴土坑墓，方形，直壁，平底，单椁单棺。	270×160-358	椁：236×115×80×（4~6）棺：210×88×25×（4~6）	直肢。			AaVb盂	七期	盗扰
M125	10°	竖穴土坑墓，方形，直壁，平底，单椁单棺，北壁有头龛，内置随葬品。	282×140-152	椁：240×（98~100）×52×（4~8）棺：200×（66~74）×28×（2~8）	仰身直肢，双手交叉置于右盆骨处。	男	老年	BbIII鬲，AaIV盂，异型罐，甲BaVI豆	六期	
M126	8°	竖穴土坑墓，方形，直壁，平底，单棺。	220×70-76	棺：208×（54~60）×26×（4~5）	仰身直肢，双手交叉置于腹部。	男	熟年	甲BaVI豆	六期	
M127	290°	竖穴土坑墓，方形，直壁，平底，单椁。	240×104-60	椁：210×（76~104）×36×（4~6）	仰身直肢，双手交叉置于腹部。	男	老年	AaII鬲，AbI盂，BII罐，甲BaII豆	二期	左右胫骨病变

（续表）

墓号	方向	墓葬结构		葬具	人骨			随葬品	期别（时代）	其他
		形制描述	墓口尺寸及深度（长×宽—深）（厘米）	（长×宽×高×厚）（厘米）	葬式	性别	年龄			
M128	345°	竖穴土坑墓，方形，直壁，平底。单椁。	204×60—36	椁：186×（42~45）×16×（2~4）	仰身直肢。	女	成年	AbⅠ盂，甲BaⅡ豆	二期	
M129	10°	竖穴土坑墓，长方形，直壁，平底。墓口近单椁单椁，北壁有龛。	256×（120~130）—160	椁：228×（70~98）×60×6 棺：200×（44~68）×16×（2~6）	仰身直肢。	男	熟年	AbⅡ鬲，AbⅣ盂，甲BaⅤ豆2	五期	盗扰
M130	10°	竖穴土坑墓，方形，斜壁，平底。单椁单椁。	270×120—170	椁：235×（92~103）×70×（4~6） 棺：208×（60~64）×40×（4~6）	仰身直肢。			无		
M131	355°	竖穴土坑墓，方形，直壁，平底。单椁。	180×72—20	棺：160×（56~60）×20×4	仰身直肢。			无		
M132	100°	竖穴土坑墓，方形，直壁，平底。	180×52—60		仰身直肢，双手交叉置于腹部。			无		
M133	80°	竖穴土坑墓，方形，直壁，平底。单椁单椁龛。	260×140—300	椁：230×100×60×（4~6） 棺：196×75×22×（4~6）	仰身直肢。			AaⅤ鬲，AbⅢ盂，甲BaⅤ豆2	五期	
M134	210°	竖穴土坑墓，方形，直壁，平底。单椁。	280×140—40	棺：210×（64~65）×20×（4~6）	仰身直肢，双手交叉置于左盆骨处。			AbⅤ玦2		

墓号	方向	墓葬结构		葬具	人骨			随葬品	期别（时代）	其他
		形制描述	墓口尺寸及深度（长×宽-深）（厘米）	（长×宽×高×厚）（厘米）	葬式	性别	年龄			
M135	350°	竖穴土坑墓，斜壁，平底，方形，墓口长，单棺。	275×155-140	棺：182×76×20×（4~6）	屈肢。			无		盗扰
M136	10°	竖穴土坑墓，斜壁，平底，方形，墓口长，单棺，呈"Ⅱ"字形。	260×150-80	椁：219×（92~105）×30×（4~6）	仰身直肢	女	熟年	无		
M137	290°	竖穴土坑墓，直壁，平底，方形，墓口长，单棺。	268×120-70	棺：206×65×20×（4~6）	仰身直肢，双手交叉置于腹部。	女	熟年	无		
M138	12°	竖穴土坑墓，直壁，平底，方形，墓口长，单棺。	308×150-210	棺：234×86×40×（4~8）	仰身直肢，上部朽毁只有下肢。			残铜片，C玉圭，Ba玉珠2，A骨簪		盗扰
M139	6°	竖穴土坑墓，微斜壁，平底，方形，墓口长，单棺。	330×180-320	椁：187×（104~110）×40×6				Ⅱ罍，舟，C玉圭	六期	盗扰
M140	2°	竖穴土坑墓，直壁，平底，方形，墓口长，单棺，北壁有壁龛。	225×80-110	棺：208×60×40×6	仰身直肢，双手交叉置于左骨盆处。	男	成年	BaⅡ鬲，AaⅡ盂	四期	
M141	2°	竖穴土坑墓，直壁，平底，方形，墓口长，单棺。	340×180-239	椁：280×122×60×（6~8）				无		盗扰
M142	185°	竖穴土坑墓，直壁，平底，长方形，墓口近"Ⅱ"字形棺。	268×（112~120）-50	棺：216×（96~95）×30×（4~8）	已朽成灰。			无		

墓号	方向	墓葬结构		葬具（长×宽×高×厚）（厘米）	人骨			随葬品	期别（时代）	其他
		形制描述	墓口尺寸及深度（长×宽-深）（厘米）		葬式	性别	年龄			
M143	10°	竖穴土坑墓，墓口长方形，斜壁，平底。"Ⅱ"字形椁，南壁有龛，内置随葬品。	300×210-308	椁：124×（118~102）×40×（2~6）				AaⅧ瓯，AaⅤb盂，BV罐，甲BaⅧ豆2	七期	盗扰
M144	190°	竖穴土坑墓，墓口长方形，平底，单椁。	288×150-110	椁：213×107×40×（2~8）	已朽成灰。			无		
M145	2°	竖穴土坑墓，墓口长方形，直壁，平底，北壁有龛，内置随葬品。	266×136-238	棺：216×96×60×（6~8）	仰身直肢，双手交叉置于右腹部。	女	熟年	AaⅥ瓯，AaⅤa盂，甲BaⅧ豆2	七期	
M146	195°	竖穴土坑墓，墓口长方形，斜壁，平底，南棺有一壁龛。	380×144-200	棺：225×（45~98）×30×6				AaⅣ瓯，AⅢ罐4，甲AⅣ豆	四期	盗扰
M147	183°	竖穴土坑墓，墓口长方形，直壁，平底，单椁单棺。	258×130-100	椁：226×104×70×（4~6）棺：196×（60~65）×26×（4~7）	仰身直肢，双手交叉置于腹部。	男	熟年	无		
M148	195°	竖穴土坑墓，墓口长方形，直壁，平底，单棺，南壁有龛。	220×112-100	棺：194×（76~78）×40×（4~6）	仰身直肢，双手交叉置于腹部。	男	熟年	AaⅣ瓯，AaⅣ盂，AⅢ罐，甲AⅣ豆2	四期	
M149	183°	竖穴土坑墓，墓口长方形，直壁，平底，单棺单椁。	256×140-100	椁：226×（118~120）×58×（4~6）棺：188×70×26×（4~6）	仰身直肢，双手置于胸部。	女	熟年	无		

(续表)

墓号	方向	墓葬结构		葬具 (长×宽×高×厚)(厘米)	人骨			随葬品	期别(时代)	其他
		形制描述	墓口尺寸及深度 (长×宽—深)(厘米)		葬式	性别	年龄			
M150	182°	竖穴土坑墓，墓口长方形，直壁，平底，单棺。	218×112—100	棺：190×92×30×(2~7)	仰身直肢，双手置于腹部。	女	成年	无		
M151	345°	竖穴土坑墓，墓口长方形，微斜壁，平底，单棺单椁，北壁有一壁龛。	300×164—298	椁：244×(122~126)×100×(2~8) 棺：(43~164)×74×40×(2~6)				AaⅦ鬲，AaⅤb盂	七期	盗扰
M152	185°	竖穴土坑墓，墓口近圆角长方形，微斜壁，平底，单椁，单棺，北壁有一壁龛。	248×100—110	棺：204×(78~84)×50×(2~8)	仰身直肢。	男	老年	AaⅦ鬲，异型盂，甲 BaⅦ豆2	七期	
M153	15°	竖穴土坑墓，墓口长方形，直壁，平底，单椁。	308×196—100	椁：244×(148~162)×20×(4~10)	仰身直肢。	女	老年	Ab玉玦2		盗扰
M154	3°	长方形竖穴土坑空心砖墓，直壁，平底，空心砖棺。	250×120—134	空心砖棺：(190~204)×70×14	仰身直肢。	男	成年	Ⅱ壶，钵，铁带钩	九期	

说明：

1. 出土遗物未注明质料者皆为陶器。
2. 出土遗物未注明件数者皆为1件。
3. 人骨判断对应的年龄如下：幼儿：1—5岁，小儿：6—11岁，若年：10—19岁，成年：20—39岁，熟年：40—59岁，老年：60岁以上。

附表二：郑韩故城·热电厂墓地墓葬登记表

墓号	方向	墓葬结构		葬具 (长×宽×高×厚)(厘米)	人骨			随葬品	期别(时代)	其他
		形制描述	墓口尺寸及深度 (长×宽-深)(厘米)		葬式	性别	年龄			
M1	202°	竖穴土坑墓，墓口近长方形，北端较南端窄，直壁，平底，椁被挤压变形。	296×(152~170)-168	椁：250×(118~120)×68×(6~8)	仰身直肢。			AbⅡ盂，Ⅲ高领罐，A纺轮，AⅠ铜鼎，A玉圭，Aa玉玦2	三期	
M2	202°	竖穴土坑墓，墓口近长方形，北端较南端窄，直壁，平底，单椁，椁被挤压而稍有变形。	302×(140~150)-422	椁：(150~232)×132×78×6				AbⅤ盂，Ⅱa盘，Aa玉玦，AbⅤ玦	七期	盗
M3	202°	竖穴土坑墓，墓口为长方形，微斜壁，单椁。	308×160-280	椁：276×(122~140)×68×6	直肢。			Ⅱ鼎，A盉，簋，Ⅱb盘，器盖2，A玉片2	七期	盗
M4	40°	竖穴土坑墓，墓口为长方形，直壁，平底，单棺。	210×103-90	棺：200×(80~92)×10×(6~8)	仰身直肢，仅存下肢。	男	老年	无		
M5	205°	竖穴土坑墓，墓口近长方形，直壁，平底，单棺，南部隔出一头箱。	250×(96~107)-72	棺：190×(77~84)×28×(6~8)	仰身直肢，左手置于胸部。	男	成年	AaⅥ鬲，AaⅤb盂，AⅣ罐，甲BaⅧ豆2	七期	
M6	26°	竖穴土坑墓，墓口为长方形，直壁，平底，单椁。	350×200-390	椁：330×(162~165)×50×(6~8)				Ⅲ尊，盆，残铜耳，Aa玉玦	七期	被盗严重
M7	28°	竖穴土坑墓，墓口长方形，平底，单椁。	345×210-380	椁：360×168×80×(6~8)				无		盗空

(续表)

墓号	方向	墓葬结构		葬具(长×宽×高×厚)(厘米)	人骨			随葬品	期别(时代)	其他
		形制描述	墓口尺寸及深度(长×宽-深)(厘米)		葬式	性别	年龄			
M8	20°	竖穴土坑墓，墓口近长方形，直壁，单椁，椁被挤压变形。	280×(134~144)-214	椁：256×(110~120)×75×6				无		盗空
M9	20°	竖穴土坑墓，墓口近长方形，直壁，单椁，椁被挤压变形。	260×(120~140)-206	椁：246×(103~110)×66×6				无		盗空
M10	20°	竖穴土坑墓，墓口近长方形，北端略宽于南端，直壁，平底，单棺。	278×(130~154)-184	棺：230×(83~85)×42×6				无		盗空
M11	208°	竖穴土坑墓，墓口为长方形，直壁，平底，单椁。	276×120-230	椁：252×(110~108)×66×(8~6)	仰身直肢，无头，双手交叉于腹部。	女	成年	无		盗空
M12	151°	竖穴土坑墓，墓口为长方形，直壁，平底，单椁。	260×155-400	椁：252×108×66×8				无		盗空
M13	210°	竖穴土坑墓，墓口为长方形，直壁，平底，单椁。	246×120-240	椁：227×102×50×(6~8)	仰身直肢，双手交叉于腹部。	男	熟年	无		被盗空
M14	205°	土坑竖穴墓，墓口为长方形，直壁，平底，单棺单椁。	250×130-124	椁：(180~194)×(110~114)×48×8 棺：(134~142)×(54~56)×14×4	仰身直肢，双手交叉于腹部。	女	老年	AaⅦ鬲，AbⅤ盂，BaⅧ豆2	七期	盗扰

（续表）

墓号	方向	墓葬结构 形制描述	墓葬结构 墓口尺寸及深度（长×宽─深）（厘米）	葬具（长×宽×高×厚）（厘米）	人骨 葬式	人骨 性别	人骨 年龄	随葬品	期别（时代）	其他
M15	200°	竖穴土坑墓，墓口近长方形，直壁，平底，单棺单椁，椁的南端有一头箱。	290×（136～140）─214	椁：236×104×50×6 棺：174×62×7×5	仅存下肢骨。			D鬲，AaⅡ盂，甲BaⅢ豆	三期	
M16	32°	竖穴土坑墓，北端较南端略窄，直壁，平底，单椁。	280×（132～140）─184	椁：262×（113～122）×40×（6～8）				无		盗空
M17	30°	竖穴土坑墓，墓口为长方形，直壁，单椁。	265×132─195	椁：236×（112～114）×64×（8～6）				B玉圭		盗空
M18	28°	竖穴土坑墓，墓口近长方形，平底，直壁，单椁。	242×（110～116）─200	椁：223×（96～100）×42×（6～8）				无		盗空
M19	200°	竖穴土坑墓，墓口略宽于南端，北端，直壁，平底，单棺。	120×（70～76）─55	棺：108×50×8×4	仰身直肢，头骨无存。	女	成年	无		盗空
M20	210°	竖穴土坑墓，墓口近长方形，平底，直壁，单棺单椁。	287×（127～138）─38	椁：242×（121～123）×28×6 棺：184×（50～66）×20×6	仰身直肢。	男	熟年	无		

墓号	方向	墓 葬 结 构		葬 具（长×宽×高×厚）（厘米）	人 骨			随 葬 品	期别（时代）	其他
		形制描述	墓口尺寸及深度（长×宽－深）（厘米）		葬式	性别	年龄			
M21	203°	竖穴土坑墓，墓口为长方形，直壁，平底，单棺单椁，椁呈"Ⅱ"字形。	314×168－72	椁：258×（132～133）×（26～58）×8；棺：210×（74～77）×（24～34）×6	仰身直肢，双手交叉于腹部。	男	熟年	A 玉圭，蚌壳若干		
M22	205°	竖穴土坑墓，墓口为长方形，直壁，平底，单棺。	278×98－36	棺：262×（86～90）×14×6	仰身直肢，头无，双手交叉于腹部。	男	熟年～	无		盗扰
M23	295°	竖穴土坑墓，墓口近长方形，直壁，平底，单棺，棺西端略宽于东端。	270×（114～122）－166	棺：219×（57～70）×46×（6～8）	仰身直肢。	女	熟年	Aa Ⅰ 鬲，Ab Ⅰ 盂，AⅠ罐，甲 Bb Ⅱ 豆残豆，A 纺轮	二期	
M24	205°	竖穴土坑墓，墓口为长方形，直壁，平底，单棺，北壁似为壁龛（或是二层台），平面呈半圆形。	220×64－66	棺：166×（36～55）×12×5	仰身直肢，双手交叉于腹部。	女	成年	Ba Ⅲ 鬲，Aa Ⅳ 盂，AⅣ罐，甲 BaⅥ豆 2	六期	
M25	295°	竖穴土坑墓，墓口近长方形，直壁，平底，单椁，西壁有壁龛。	252×（104～108）－236	椁：232×（94～100）×55×（6～8）				Bb Ⅰ 鬲，Aa Ⅱ 盂，AⅡ罐，甲 AⅢ豆 2	三期	盗扰
M26	95°	竖穴土坑墓，墓口近长方形，直壁，平底，单椁。	270×（122～128）－134	椁：250×（110～112）×35×（6～8）	仰身直肢。	男	老年	无		

墓号	方向	结构		葬具	人骨			随葬品	期别	其他
		形制描述	墓口尺寸及深度（长×宽-深）（厘米）	（长×宽×高×厚）（厘米）	葬式	性别	年龄		（时代）	
M27	25°	竖穴土坑墓，方形，墓口近长方形，直壁，平底，单棺单椁，椁室内隔出一头箱。	253×（135～144）-272	椁：240×（104～108）×56×8 棺：170×80×（7～30）×（6～8）	仰身直肢，双手交叉于腹部。	女	老年	AaⅦ鬲，AaⅤb，BⅢa盂，甲BaⅦ豆2，Ⅲ鼎，Ⅲ尊2，BⅢ圭2	七期	盗空
M28	28°	竖穴土坑墓，方形，墓口为长方形，直壁，平底。	246×116-138					无		盗空
M29	11°	竖穴土坑墓，方形，墓口为长方形，直壁，平底，单椁，椁呈"Ⅱ"字形。	294×140-（140～150）	椁：（120～242）×（94～110）×40×（6～8）	直肢。			无		盗空
M30	30°	竖穴土坑墓，方形，墓口为长方形，直壁，单椁。	345×210-340	椁：299×171×130×（2～8）				无		盗空
M31	40°	竖穴土坑墓，墓口为近长方形，直壁，平底，单椁，北壁有壁龛，龛底凸出成二层台。	270×（116～124）-208	椁：240×（104～112）×58×（6～8）				BbⅠ鬲，AbⅡ盂，AⅡ罐，甲BaⅢ豆2	三期	有盗洞
M32	200°	竖穴土坑墓，方形，墓口为长方形，直壁单椁。	320×154-296	椁：280×（118～142）×35×（6～8）	葬式不明。			AaⅤ鬲，AaⅤb盂，甲BaⅥ豆	六期	盗扰
M33	25°	竖穴土坑墓，方形，斜壁，平底，单椁。	330×230-210	椁：242×144×50×（6～8）				器盖，舟。	六期	盗扰

(续表)

墓号	方向	墓葬结构		葬具(长×宽×高×厚)(厘米)	人骨			随葬品	期别(时代)	其他
		形制描述	墓口尺寸及深度(长×宽-深)(厘米)		葬式	性别	年龄			
M34	28°	竖穴土坑墓，墓口近长方形，直壁，平底，单椁。	347×(170~180)-252	椁：340×(164~156)×70×(6~8)				AaⅤa 盂，Ⅲ尊，器盖，A 玉圭 2，B 玉圭，Ab 玉玦，玉剑首 2，玉料 7，蚌壳 -	七期	盗扰
M35	291°	竖穴土坑墓，墓口为长方形，直壁，平底，单椁。	286×(127~130)-180	椁：234×(106~108)×44×6	仰身直肢，双手交叉置于腹部。	女	熟年	C 盂，AbⅠ盂，BⅠb 罐	一期	
M36	220°	竖穴土坑墓，墓口为长方形，直壁，平底，单椁。	250×120-144	椁：244×(110~112)×60×6	仰身直肢。	男	成年	无		盗扰
M37	200°	竖穴土坑墓，墓口近长方形，直壁，平底，棺椁单椁。	310×(160~172)-(230~260)	椁：(300~290)×(146~136)×48×8 棺：170×(74~73)×10×(6~8)	直肢，仅存下肢。	男	成年	AaⅦ 盂，残盂，甲BaⅦ豆，残豆，残鼎，Ⅲ尊	七期	盗扰
M38	206°	竖穴土坑墓，墓口近长方形，直壁，平底，单椁。	253×(114~126)-148	椁：228×(92~101)×52×6	直肢，头骨无存。	男	成年	甲BaⅦ豆 2	七期	盗扰
M39	25°	竖穴土坑墓，墓口近长方形，直壁，平底，单椁。	293×(150~160)-305	椁：272×120×67×(6~10)				蚌圭		盗扰
M40	40°	竖穴土坑墓，墓口为长方形，直壁，平底，单椁。	300×150-266	椁：262×134×36×(8~6)	仰身直肢，双手交叉置于腹部。	男	熟年	Ⅰ鼎，Ⅰ罍 2，Ⅱ匜，Ⅱ盘，AⅢ铜盨，铜舟耳（残），Aa 玉玦 2	五期	

墓号	方向	墓葬结构 形制描述	墓口尺寸及深度（长×宽－深）（厘米）	葬具（长×宽×高×厚）（厘米）	人骨 葬式	性别	年龄	随葬品	期别（时代）	其他
M41	15°	竖穴土坑墓，墓口近长方形，直壁，北壁设有壁龛，内置一陶瓮。平底，单棺。	256×（100～110）－170	棺：226×（88～97）×160×（6～8）	仰身直肢，双手置于腹部。	男	成年	AbⅡ瓮	五期	盗扰
M42	10°	竖穴土坑墓，墓口近长方形，平底，有腰坑，内葬一付狗骨架。单棺。	267×（147～140）－（176～190）	椁：236×（88～108）×40×6				甲BaⅢ豆	三期	盗扰
M43	30°	竖穴土坑墓，墓口近长方形，直壁，平底，单棺。	280×（148～140）－270	椁：266×（128～124）×108×8 棺：202×（90～83）×60×（8～6）				Ⅲ尊	七期	盗扰
M44	15°	竖穴土坑墓，斜壁，平底，单棺。	360×235－400	椁：289×（142～138）×60×（6～8）				无		盗扰
M45	30°	竖穴土坑墓，墓口长方形，直壁，平底，单棺。	298×196－280	椁：268×162×40×（6～8）				Ⅰ盘，Ⅰ匜，器盖，玉剑首	五期	盗扰
M46	132°	竖穴土坑墓，墓口长方形，直壁，平底，"Ⅱ"字形棺。	238×120－138	椁：199×（108～78）×36×6				BⅢ罐，鬲，盂，盆（瓷）	四期	
M47	18°	竖穴土坑墓。直壁，平底。	294×170－170					无		

（续表）

墓号	方向	墓葬结构 形制描述	墓口尺寸及深度（长×宽－深）（厘米）	葬具（长×宽×高×厚）（厘米）	人骨 葬式	性别	年龄	随葬品	期别（时代）	其他
M48	210°	竖穴土坑墓，墓口近长方形，直壁，平底，单椁单棺。	278×（144～140）－150	椁：253×（135～122）×56×6 棺：186×（82～80）×24×6	仰身直肢，双手交叉置于腹部。	女	熟年	AbIV鬲，BⅡ盂，甲BaⅥ豆2，Ⅱ尊2，B玉圭，Aa玉玦2，玉刀，Bb玉片2，A骨簪	六期	
M49	144°	竖穴土坑墓，墓口近长方形，斜直壁，平底。	288×（136～152）－400					无		
M50	113°	竖穴土坑墓，墓口近长方形，直壁，平底，单棺。	230×（104～106）－112	棺：204×（68～70）×10×6	仰身直肢。			无		
M51	280°	竖穴土坑墓，墓口近长方形，直壁，平底，单椁单棺。	270×（108～120）－100	椁：220×（100～110）×34×8 棺：127×（64～60）×10×6				AaⅠ盂，BⅡ罐，甲BbⅢ豆2，异型鬲，Bb玉料，骨料	三期	盗扰
M52	10°	竖穴土坑墓，墓口长方形，直壁，平底，单椁。	340×158－226	椁：267×（127～132）×64×（6～8）				无		
M53	10°	竖穴土坑墓，墓口长方形，直壁，平底，单椁。	295×155－346	椁：274×128×57×8				AaⅡ盂，甲BaⅢ豆2	三期	盗扰
M54	35°	竖穴土坑墓，墓口长方形，直壁，平底，单椁。	266×126－136	椁：248×（110～116）×50×（6～10）				无		
M55	206°	竖穴土坑墓，墓口长方形，直壁，平底，单椁，椁内有头箱。	300×（134～136）－135	椁：244×（118～125）×55×8 棺：183×72×（16～40）×8	仰身直肢，双手交叉置于腹部。	女	熟年	A纺轮，Aa玉玦2	春秋	

墓号	墓葬结构			葬具 (长×宽×高×厚)(厘米)	人骨			随葬品	期别(时代)	其他
	方向	形制描述	墓口尺寸及深度 (长×宽-深)(厘米)		葬式	性别	年龄			
M56	211°	竖穴土坑墓，墓口长方形，直壁，平底，单椁单棺。	265×122-88	椁：218×(104~102)×32×(8~6) 棺：184×50×10×(6~4)	仰身直肢，双手交叉置于腹部。	男	熟年	Ab Ⅲ 鬲，Aa Ⅴ a 盂，甲 Ba Ⅵ 豆，甲 Ba Ⅷ 豆	七期	
M57	15°	竖穴土坑墓，墓口长方形，直壁，平底，单椁单棺，南部有盗洞。	300×200-236	椁：282×153×55×8 棺：221×112×6×(8~4)				无		盗扰
M58	5°	竖穴土坑墓，墓口长方形，直壁，平底，单棺。	197×78-133	棺：160×(62~52)×10×(6~4)	仰身直肢，双臂交叉置于胸部。	女	熟年	无		
M59	80°	竖穴土坑墓，直壁，墓口近长方形，直壁，单棺，有头箱。	270×(110~100)-58	棺：223×(90~80)×20×6	仰身直肢，双手交叉置于腹部。	男	熟年	Aa Ⅰ 鬲	二期	
M60	28°	竖穴土坑墓，墓口长方形，直壁，平底，单椁。	300×(136~140)-220	椁：180×(106~108)×54×(4~6)				无		盗扰
M61	100°	竖穴土坑墓，墓口长方形，直壁，平底，单椁单棺。	260×130-80	椁：238×(110~94)×34×8 棺：190×54×12×6	仰身直肢，头无。	男	熟年 ~	无		盗扰
M62	341°	竖穴土坑墓，墓口长方形，直壁，平底，单椁。	250×128-100	椁：228×(116~105)×58×8	仰身直肢，			无		盗扰
M65		不详						铜戈，A 玉圭		

附表三：郑韩故城·兴弘花园墓地陶器刻划符号登记表

符　　号	器物	符　　号	器物
	M3：1 陶豆		M57：4 陶豆
	M3：2 陶豆		M71：2 陶豆
	M8：1 陶豆		M71：3 陶豆
	M8：2 陶豆		M113：2 陶豆
	M27：1 陶豆		M113：3 陶豆
	M27：2 陶豆		M123：1 陶豆
	M28：2 陶豆		M123：2 陶豆
	M28：3 陶豆		M125：4 陶豆
	M30：1 陶豆		M143：1 陶豆
	M30：5 陶豆		M143：3 陶豆
	M45：2 陶豆		M145：1 陶豆
	M45：3 陶豆		M145：2 陶豆
	M57：1 陶豆		M152：4 陶豆

附表四：郑韩故城·热电厂墓地陶器刻划符号登记表

符　　号	器物	符　　号	器物
	陶豆 M14：3		陶豆 M37：5
	陶豆 M14：4		陶豆 M38：1
	陶豆 M27：4		陶豆 M38：2
	陶豆 M27：8		陶豆 M48：4
	陶豆 M37：1		陶豆 M48：5
	器盖 M37：3		陶豆 M56：2
			陶豆 M56：3

后　记

　　《郑韩故城兴弘花园和热电厂墓地》是近年来河南省文物考古研究所新郑工作站郑韩故城考古发掘成果整理的一个分报告。郑韩故城的发掘工作是在河南省文物局、河南省文物考古研究所的直接领导下进行的。多年来，新郑市文物局一直积极地配合工作站的工作，从钻探发掘到日常事务，无不给予莫大的支持，在良好的合作中，双方建立了深厚的友谊。在此，我们谨表示深深的谢意。同时，还要感谢新郑市委、新郑市政府、新郑市各局委、街道办事处以及市区诸多单位对新郑工作站长期以来给予的极大支持和协助。这里，特别要感谢郑州正弘房地产开发有限公司和新郑市热电厂对两处墓地发掘工作的密切配合和倾心支持。

　　兴弘花园和热电厂墓地的发掘工作都是从 2003 年开始的，其中热电厂墓地的发掘时间较短，2004 年初就已结束；兴弘花园墓地的发掘时间持续较长，一直到 2005 年才全部结束。参加田野发掘的工作人员先后有沈永健、孙春玲、左二香、祝乃军、游惠琴、尼新民、李强、普康信、蔡晓红、张文举、赵凯、赵学涛、张冲、郭波等。工地发掘领队为樊温泉，发掘的后勤工作主要由朱树政负责。

　　发掘期间，河南省文物局孙英民、司治平，郑州大学文博学院韩国河，河南省文物考古研究所孙新民、秦曙光、秦文生、张志清，新郑市文物局寇玉海、赵子剑、冯建营、靳保琴、赵舒琪等领导多次莅临现场指导和检查工作；河南省文物考古研究所原所长郝本性先生对后期的整理工作，特别是有关文献方面的考证以及古籍原文的引用，给予了很大的帮助；河南省文物考古研究所的蔡全法研究员也经常到工地进行现场指导，时常和我们就一些遗迹现象分析探讨，并在百忙中对兴弘花园墓地的部分遗迹进行了现场拍照。

　　墓地出土的人骨标本全部由日本九州大学大学院比较社会文化研究院中桥孝博先生和他的课题组成员做了详细鉴定。进一步的人骨研究成果，我们和日方将另文发表，本报告只是公布了人骨的常规鉴定结果。

　　墓地出土的所有遗物都是在河南省文物考古研究所新郑工作站整理修复的。普康信参加了全部资料的整理工作，武汉大学考古系的硕士研究生王文嘉、范江欧美参加了部分发掘资料的后期整理工作，青铜器的修复工作是由左二香、吉鹏飞和董桂玲承担的，陶器由高凤梅、杨淑慧、孙桂平等负责修复，郭民卿对出土遗物进行了拍照，赵健和李静然完成了全部器物的绘图工作，沈小敏和张丽对报告中所需的拓片进行了拓制，孟伟红负责全部文字和图片资料的电脑录入工作，吴英承担了书稿的校对工作。

　　本报告由樊温泉、徐承泰执笔完成。

兴弘花园 M35

1. 兴弘花园 M100

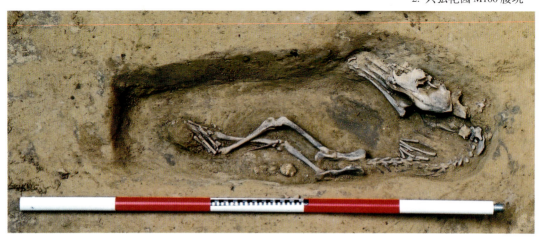

2. 兴弘花园 M100 腰坑

兴弘花园 M42

2. 兴弘花园 M123

1. 热电厂 M27

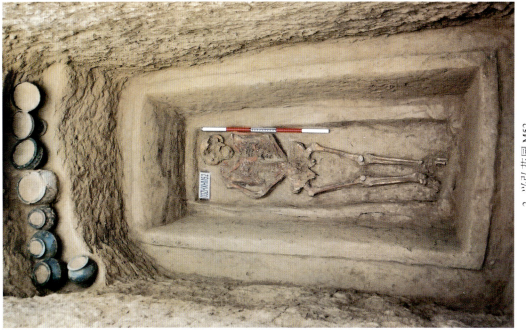

2. 兴弘花园 M52

1. 兴弘花园 M54

2. 兴弘花园 M18

1. 兴弘花园 M41

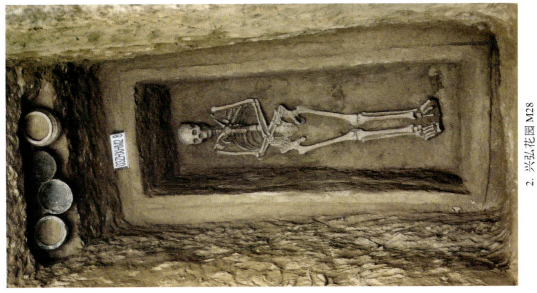

2. 兴弘花园 M28

1. 热电厂 M40

1. Ⅰ式陶鼎（热电厂 M40∶4）

2. Ⅱ式陶鼎（兴弘 M10∶1）

3. Ⅱ式陶鼎（兴弘 M16∶4）

4. B 型陶盏（兴弘 M16∶3）

5. Ⅰ式陶罍（热电厂 M40∶3）

6. Ⅱ式陶罍（兴弘 M35∶1）

1. Ⅰ式陶罍及耳部
（兴弘 M69：1）

2. Ⅲ式陶尊
（热电厂 M6：1）

彩版 一〇

1. AⅡ式铜鼎
（兴弘 M42：1）

2. B型铜盏（兴弘 M35：6）

1. A I 式铜鼎（热电厂 M1：2）

2. B 型铜鼎（兴弘 M35：3）

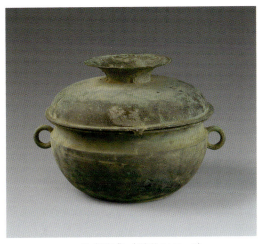

3. A I 式铜盏（兴弘 M42：3）

4. A I 式铜盏（兴弘 M121：2）

5. A II 式铜盏（兴弘 M100：1）

6. A III 式铜盏（热电厂 M40：7）

1. Ⅰ式铜舟（兴弘 M42：2）

2. Ⅰ式铜舟（兴弘 M121：3）

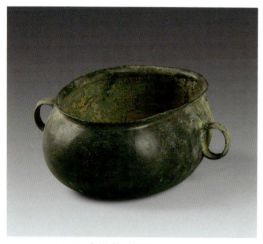

3. Ⅱ式铜舟（兴弘 M100：2）

4. Ⅲ式铜舟（兴弘 M35：5）

5. 铜戈（兴弘 M100：3）

1. A 型玉圭
（热电厂 M21：1）

2. A 型玉圭
（热电厂 M34：4）

3. B 型玉圭
（兴弘 M3：5）

4. B 型玉圭
（兴弘 M100：8）

5. C 型玉圭
（兴弘 M138：5）

6. C 型玉圭
（兴弘 M139：3）

7. A 型玉圭
（热电厂 M1：4）

8. A 型玉片（热电厂 M3：7）

9. Ba 型玉片（兴弘 M100：7）

10. Ba 型玉片（兴弘 M17：8）

1. Aa 型玉玦（兴弘 M1：5）

2. Aa 型玉玦（热电厂 M6：3）

3. Aa 型玉玦（兴弘 M100：4）

4. Ab 型玉玦（兴弘 M134：1）

5. Ab 型玉玦（兴弘 M34：7）

6. Ab 型玉玦（兴弘 M153：1）

1. Ba 型玉玦（兴弘 M42：7）

2. Ba 型玉玦（兴弘 M138：3）

3. Bb 型玉玦（兴弘 M5：1 正、反面）

4. Bb 型玉玦（兴弘 M7：2）

5. Bb 型玉玦（兴弘 M122：2）

1. A 型骨簪（兴弘 M138：2）

2. 骨觽
（兴弘 M55：2）

3. 加工骨
（兴弘 M111：1）

5. B 型骨簪
（兴弘 M90：1）

4. 骨锥及局部
（兴弘 M90：2）

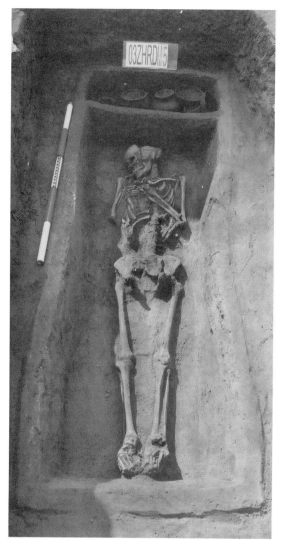

1. 热电厂 M5

2. 兴弘花园 M154

图版二

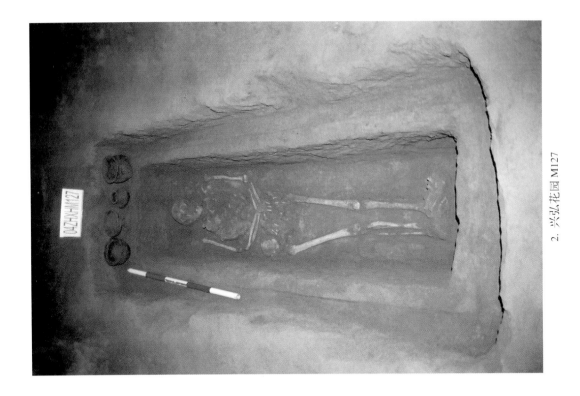

2. 兴弘花园 M127

1. 兴弘花园 M63

1. 兴弘花园 M99

2. 兴弘花园 M108

1. Aa I 式陶鬲（兴弘 M55：4）

2. Aa I 式陶鬲（兴弘 M120：1）

3. Aa I 式陶鬲（热电厂 M59：1）

4. Aa II 式陶鬲（兴弘 M127：1）

5. Aa III式陶鬲（兴弘 M29：3）

6. Aa IV式陶鬲（兴弘 M9：2）

1. Aa Ⅳ 式陶鬲（兴弘 M37：3）

2. Aa Ⅴ 式陶鬲（兴弘 M62：2）

3. Aa Ⅴ 式陶鬲（兴弘 M133：4）

4. Aa Ⅴ 式陶鬲（热电厂 M32：1）

5. Aa Ⅵ 式陶鬲（兴弘 M27：4）

6. Aa Ⅵ 式陶鬲（兴弘 M45：1）

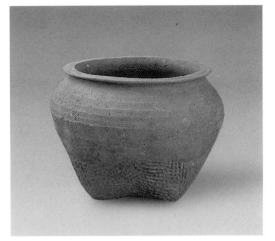

1. AaⅦ式陶鬲（兴弘 M30：4）

2. AaⅦ式陶鬲（兴弘 M143：5）

3. AaⅦ式陶鬲（兴弘 M151：1）

4. AbⅠ式陶鬲（兴弘 M56：2）

5. AbⅡ式陶鬲（兴弘 M129：4）

6. AbⅡ式陶鬲（热电厂 M41：1）

1. AbⅢ式陶鬲（兴弘 M99∶1）

2. AbⅣ式陶鬲（兴弘 M57∶5）

3. AbⅣ式陶鬲（热电厂 M48∶1）

4. BaⅠ式陶鬲（兴弘 M1∶4）

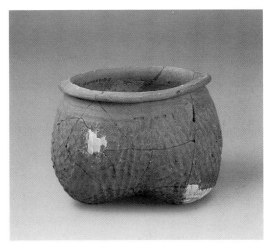

5. BaⅡ式陶鬲（兴弘 M31∶5）

6. BaⅡ式陶鬲（兴弘 M140∶2）

1. BaⅢ式陶鬲（热电厂 M24：4）

2. BbⅠ式陶鬲（热电厂 M25：5）

3. BbⅡ式陶鬲（兴弘 M52：5）

4. BbⅡ式陶鬲（兴弘 M63：1）

5. BbⅢ式陶鬲（兴弘 M41：4）

6. BbⅢ式陶鬲（兴弘 M51：2）

1. C 型陶鬲（热电厂 M35：1）

2. E 型陶鬲（兴弘 M18：5）

3. 异型陶鬲（热电厂 M51：5）

4. D 型陶鬲（热电厂 M15：3）

5. D 型陶鬲（兴弘 M113：1）

1. 豆盘（兴弘 M51：5）

2. 豆盘（兴弘 M146：6）

3. 豆盘（兴弘 M120：2）

4. 豆盘（兴弘 M2：2）

5. 豆盘（兴弘 M39：1）

6. 豆盘（兴弘 M52：8）

1. 豆盘（兴弘 M11：3）

2. 豆盘（兴弘 M31：2）

3. 豆盘（兴弘 M62：4）

4. 豆盘（兴弘 M63：2）

5. 豆盘（兴弘 M128：2）

6. 豆盘（兴弘 M152：3）

1. 豆盘（兴弘 M18：2）

2. 甲类 A I 式陶豆（兴弘 M18：1）

3. 豆盘（兴弘 M8：1）

4. 甲类 A II 式陶豆（兴弘 M74：1）

5. 豆盘（兴弘 M57：4）

6. 甲类 A III 式陶豆（热电 M25：1）

1. 甲类 AIV式陶豆（兴弘 M1：2）

2. 甲类 AV式陶豆（兴弘 M112：1）

3. 甲类 BaI式陶豆（兴弘 M18：2）

4. 甲类 BaII式陶豆（兴弘 M4：1）

5. 甲类 BaII式陶豆（兴弘 M25：6）

6. 甲类 BaIV式陶豆（兴弘 M9：3）

1. 甲类 Ba V 式陶豆（兴弘 M11：3）

2. 甲类 Ba V 式陶豆（兴弘 M96：3）

3. 甲类 Ba VI 式陶豆及豆盘
刻划符号（兴弘 M28：3）

4. 甲类 Ba VII 式陶豆及豆盘
刻划符号（兴弘 M27：1）

1. 甲类 BaVII 式陶豆及豆盘
   刻划符号（兴弘 M54：2）

2. 甲类 BaVIII 式陶豆及豆盘
   刻划符号（兴弘 M30：1）

3. 甲类 BaVI 式陶豆（兴弘 M2：2）　　　　4. 甲类 BbI 式陶豆（兴弘 M25：4）

1. 甲类 BbⅡ式陶豆（热电厂 M23：6）

2. 乙类 A 型陶豆（兴弘 M46：5）

3. 甲类 BbⅣ式陶豆（兴弘 M42：6）

4. 乙类 B 型陶豆（兴弘 M46：9）

5. 甲类 BbⅢ式陶豆
（热电厂 M51：3）

1. Aa 型Ⅱ式陶盂（兴弘 M123：4）

2. AaⅡ式陶盂（兴弘 M140：1）

3. AaⅢ式陶盂（兴弘 M31：4）

4. AaⅣ式陶盂（兴弘 M51：4）

5. AaⅠ式陶盂
（热电厂 M51：1）

1. AaⅣ式陶盂（兴弘 M103：1）

2. AaⅤa式陶盂（兴弘 M62：3）

3. AaⅤa式陶盂（兴弘 M113：4）

4. AaⅤb式陶盂（兴弘 M28：4）

5. AaⅤb式陶盂（兴弘 M151：2）

6. AbⅠ式陶盂（兴弘 M18：3）

1. Ab I 式陶盂（兴弘 M120：4）

2. Ab II 式陶盂（热电厂 M31：3）

3. Ab V 式陶盂（热电厂 M2：2）

4. Ab VI 式陶盂（兴弘 M46：10）

5. B I 式陶盂（兴弘 M60：4）

6. B II 式陶盂（热电厂 M48：2）

1. BⅢa式陶盂（兴弘 M54：5）

2. AⅠ式陶罐（兴弘 M18：4）

3. BⅢb式陶盂（兴弘 M45：4）

4. AⅡ式陶罐（兴弘 M52：3）

5. BⅣ式陶盂（兴弘 M46：6）

6. AⅡ式陶罐（热电厂 M25：2）

1. AⅢ式陶罐（兴弘 M31：1）

2. AⅢ式陶罐（兴弘 M146：4）

3. AⅣ式陶罐（兴弘 M57：3）

4. AⅣ式陶罐（热电厂 M5：3）

5. BⅠa式陶罐（兴弘 M6：3）

6. BⅠb式陶罐（热电厂 M35：3）

1. BⅡ式陶罐（兴弘 M127：2）

2. BⅡ式陶罐（热电厂 M51：2）

3. BⅢ式陶罐（兴弘 M52：4）

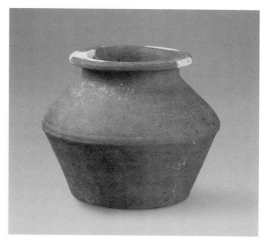

4. BⅢ式陶罐（热电厂 M46：1）

5. BⅣ式陶罐（兴弘 M51：1）

6. BⅤ式陶罐（兴弘 M30：3）

1. BV式陶罐（兴弘 M54：1）

2. I 式高领罐（兴弘 M6：1）

3. II式高领罐（兴弘 M25：7）

4. III式高领罐（热电厂 M1：1）

5. IV式高领罐（兴弘 M62：1）

6. V式高领罐（兴弘 M46：1）

1. Ⅴ式高领罐（兴弘 M73：1）

2. 陶簋（兴弘 M25：1）

3. 陶盆（热电厂 M6：2）

4. 陶簋（热电厂 M3：3）

5. A 型纺轮（热电厂 M1：7）

1. III式陶鼎（兴弘 M13：3）

2. III式陶鼎（兴弘 M27：1）

3. A 型陶盏
（热电厂 M3：1）

4. B 型陶盏
（兴弘 M19：3）

图 版 二六

1. A 型陶盏
（兴弘 M13：4）

2. B 型陶盏
（兴弘 M69：3）

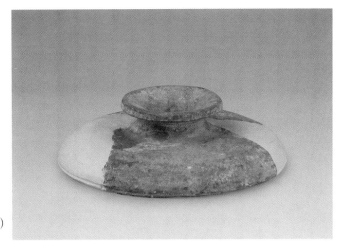

1. 器盖（热电厂 M33：1）

2. 器盖（热电厂 M34：2）

3. Ⅲ式陶罍（兴弘 M13：2）

4. Ⅰ式陶壶（兴弘 M46：12）

1. Ⅰ式陶尊
（兴弘 M22：4）

2. Ⅱ式陶尊
（热电厂 M48：3）

1. III式陶尊
（热电厂 M27：3）

2. III式陶尊
（热电厂 M43：1）

1. Ⅰ式陶盘
（热电厂 M45：2）

2. Ⅱa式陶盘
（兴弘 M16：2）

3. Ⅱa式陶盘
（兴弘 M35：7）

1. IIb 式陶盘
（热电厂 M3：2）

2. IIb 式陶盘
（热电厂 M40：2）

3. II 式陶匜
（热电厂 M40：1）

1. Ⅱ式陶匜（兴弘 M35：4）

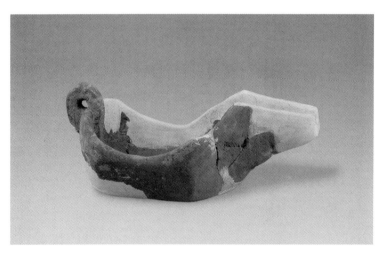

2. Ⅲ式陶匜（兴弘 M19：4）

3. 陶舟（兴弘 M139：1）

4. 陶舟（热电厂 M33：2）